PowerPointからPR動画まで！

「公務員の動画作成術」

佐久間 智之 著

JN021721

学陽書房

はじめに

「動画を作りたいけど、編集ソフトも機材もないから無理」

　そんな声を公務員の知人や研修の受講者から聞くことがよくあります。確かに、凝った動画を作るには高価なカメラや編集ソフトが必要です。

　しかし、Office は広報や観光担当などの映像を作る部署でなくても、多くの自治体で PC に入っていますよね。**「PowerPoint」で動画を作ることができるとしたら、どうでしょうか。**

　例えば、新型コロナウイルスワクチン接種のインターネット予約方法を説明するには、チラシや広報紙で伝えるよりも動画のほうが分かりやすいため、動画を作成して方法を伝えている自治体が多くありました。**実は、このような動画を、手持ちの PowerPoint ソフトで作ることができるんです。**

　また本書では、PowerPoint だけでなくスマートフォンでの撮影から編集までも詳しく解説しています。また、本格的なプロモーション動画やドキュメント動画、**ワイプで入れる手話動画**など、PowerPoint を使った簡単な動画から一眼レフカメラを使ったプロ並みの動画作りまで、テクニックをギュッと詰め込みました。

　さらに、動画を配信するプラットフォームとして多くの自治体が活用している YouTube についても、YouTube アナリティクスの見方、活用方法まで網羅しています。**「せっかく動画を作っても再生回数が伸びない」「見ているのは職員か議員しかいないのではないか」**という悩みを解決するヒントが本書にあるはずです。

　動画を作って YouTube にアップすれば終わりではなく、**動画を**

配信することは「手段」です。動画を作る目的は、住民サービス向上や、まちの「FAN＝FUN」を作ることだからです。

　大きく世の中が変わるなか、「動画編集は広報担当の仕事」と他人事に思う時代は終わりました。どの部署でも動画を作り、配信する時代が来たのです。そして動画は有事に作り出すのでは遅く、平時にどれだけ準備できるかが重要です。誰ひとり取り残さない情報発信には、動画活用は必須と言えます。

　最後に、本書を作成するにあたり多くの自治体のご協力をいただきました。さらに今回も三芳町広報大使の Juice=Juice の金澤朋子さんに帯や動画で多大なご協力をいただきました。そして学陽書房のMさんはじめ、ご尽力いただいた皆さんに感謝申し上げます。
　皆さんのお力添えで作られた本書がお役に立つことを心から願います。

2021 年 8 月

佐久間　智之

1章
基礎編
自治体動画作りをする前に

PowerPoint& Windows で動画作り

3章 中級編 スマホ1台で動画作り

4章
上級編

一眼レフ＆
有償ソフトで動画作り

5章
配信・分析編

YouTube で 動画配信 & 分析

1章

[基礎編]

自治体動画作り
をする前に

情報が広く深く届く！
自治体が動画作りをするメリット

「隣の自治体が YouTube で動画配信を始めたから、ウチでもやらなきゃ！」というような動機であまり吟味しないまま動画を作り始める自治体も少なくありません。しかし、いざやり始めたらもう後戻りはできません。本当に動画にする必要があるのか、メリットとデメリットを天秤にかけて、慎重に判断するようにしましょう。

その1　情報が伝わりやすい

今日のランチは
野菜をふんだんに使った
ドライカレーセットです

読まないと情報が伝わらない

一目で情報が伝わる

興味があるかないかを判断する時間がわずか 0.3 秒、一瞬で認識できる文字数が 15 文字と言われています。文字だけの「読む」情報よりも、動画などの「見る」情報のほうがより多くの情報を伝えることができます。

その2　字幕を入れることができる

動画では「字幕」をつけることができます。気軽に動画を見てもらうためには、無音でも情報を届ける工夫が必要です。また聴き漏らし対策にもなります。

その3　動きで理解を深めることができる

写真や画像などの静止画では、細かな操作方法や表現などが伝わらないことがあります。動画であれば、手話など動きがあるものをより分かりやすく伝えることが可能となります。

その4　無料でできる

専門機材・ソフトが必要だった　　　　　スマホ・PowerPointがあればOK

以前は動画を作るときにビデオカメラや編集ソフトが必須でした。しかし、今はスマホがあれば動画撮影から編集まででき、PowerPointがあれば操作画面を録画しながら解説できるなど、動画作成のハードルが下がり、誰でも手軽にYouTube等で動画を配信することができるようになりました。また、紙媒体にかかる印刷等のコストも削減されます。

TIPS　動画は手段

誰でも撮影や編集ができると言っても、字幕を入れたり編集作業をしたりといった手間や時間はどうしてもかかってしまいます。さらに完成した動画が必ずしも多くの人に見てもらえるとは限りません。本当に動画を作る必要があるかの判断は早い段階ですることが重要です。

目的が変われば作り方が変わる
作りたい動画のタイプを考えよう

自治体が作成する動画は観光やプロモーションに使用するものから AED の使用方法、手話動画など多岐に渡ります。これら全てが「動画」と一括りにされていますが、撮影方法や動画編集にかかる時間や手間はそれぞれ大きく異なります。ここでは難易度を星で示しました。動画を作ることは目的ではなく手段ですので、まずは本当にその動画を作る必要があるかを考えることが重要です。

観光・プロモーション動画

撮影：★★★★★　機材の準備：★★★★★　編集：★★☆☆☆

観光・プロモーション動画は、まちを魅力的に撮影し動画にすることが目的です。そのためには良い機材と、ある程度加工ができる編集ソフトが必要となります。動画編集はパソコンに負担がかかるため、それなりにスペックのよいソフトを準備しないと作業していてすぐにパソコンが落ちてしまうなど非効率的になってしまうので、内製できるかをしっかりと検討する必要があります。

ドキュメンタリー・インタビュー動画

撮影：★★★★★　機材の準備：★★★★★　編集：★★★★★

ドキュメンタリー・インタビュー動画は「撮影」「編集」「効果音」「ナレーション」「字幕」を入れる必要があり、撮影も作業も非常に煩雑で、一つの動画を作成するのにかなりの時間がかかります。誰に向けて何のために動画を作るのか、しっかり企画してから作りましょう。

イベント告知・CM 動画

撮影：★★★☆☆　機材の準備：★★★★★　編集：★★★★☆

イベント告知や CM などインパクトが強く、印象に残るものを作るためには、それなりの機材やテクニック、編集ソフトなどが必要となります。一方で、機材を揃えてテクニックを覚えれば公務員でもプロ顔負けの動画を作ることができます。

イベントレポート動画

撮影：★★★☆☆　機材の準備：★★★☆☆　編集：★★☆☆☆

広報の取材などでイベントを写真撮影する機会がある場合、細切れでも構わないので動画も一緒に撮っておけば、あとで繋ぎ合わせるだけでそれなりの動画を作ることができます。字幕は広報の記事を踏襲するなどして効率化を図ります。

操作説明① 　AED の使い方

撮影：★☆☆☆☆　機材の準備：★★☆☆☆　編集：★★☆☆☆

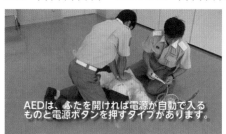

有事の際に活用する物の操作などは、動画で説明すると理解が深まります。AED の操作を動画で説明する場合、周囲に助けを呼ぶ声やマッサージの力加減などについて動画ならではの訴求ができます。一連の流れをカットしないで撮ることで、編集の手間と時間を省くことができます。

操作説明② 被災時の発電機始動方法

撮影：★★★☆☆ 機材の準備：★★☆☆☆ 編集：★★★★☆

有事に備蓄庫にある発電機などを住民自身が取り扱うことを想定した場合、平時に操作動画を準備するなどの工夫が必要となります。PowerPoint でスライドを作り、スマホなどで操作の手順を動画撮影して編集するだけで OK です。

発電機とは？
・各避難所に1台配備。
・ガソリンを燃料として出力約2000VAの電力を生み出すことができる資機材。
・携帯電話の充電のみならば、同時に約130台を充電可能な電力です。
・稼働時間は種類によって異なるが、6～8時間程度。
・コンセントの差し口は2つ。場面に応じて優先度の高い機器をつなげる。

↑備蓄品のガソリン

①蓋を開けてガソリンを注ぎます。

操作説明③ 申請書の解説動画

撮影：★★☆☆☆ 機材の準備：★★☆☆☆ 編集：★★☆☆☆

申請書など記入例があると伝わりやすい情報を動画にすると、グッと分かりやすくなります。そこで PowerPoint の記録機能を活用して申請や記載の手順などを解説する動画を作り、窓口にあるサイネージに流すなどすれば、訴求力を高めることができます。

TIPS どんな部署でも動画ノウハウは役立つ！

これまでは動画作りと言えば広報や観光、プロモーションといった部署がメインでしたが、今後は窓口業務や福祉、防災等であっても住民サービス向上に繋げるために動画を活用した情報の届け方が求められるようになってきています。

凝った演出をする動画①　広報紙連動動画

撮影：★★★★★　機材の準備：★★★★★　編集：★★★★★

インパクトのある動画を作るには、文字を動画に合わせて拡大収縮させるなどの凝った演出が必要となります。どのような動画に仕上げるのか企画段階で擦り合わせ、必要なシーンや何を話すのかを明確にする必要があります。また、編集作業も非常に時間がかかります。

凝った演出をする動画②　手話動画

撮影：★★★★★　機材の準備：★★★★★　編集：★★★★★

動きのある手話は、連続写真やイラストよりも動画で実際の動きを見るほうがわかりやすいことは明白です。また、手話が分からない人のために字幕を入れて補足することが必要となり、入力作業が大変です。単調にならないように合成（クロマキー）するなどの工夫も必要となります。

TIPS　見映えに気をとられすぎない！

演出の凝った派手な動画は目を惹きますが、本当にそこまで凝る必要があるかをしっかり考える必要があります。気を付けなければならないのは、自己満足な動画になってしまわないようにすることです。誰のため、何のために動画を作るのかを忘れないようにしましょう。

再生回数にこだわらない
動画作成から公開までの流れ

動画を作る前に、まず動画作りの全体の流れを把握する必要があります。窓口業務や電話の問い合わせへの対応といった住民対応や日々の業務と同時に動画の撮影や編集をする余力があるのか、業務の負担となってしまわないかを判断するためにも流れを知ることは大切です。ここでは動画の企画から公開、そして分析までの流れをご紹介します。

動画を作る前に──大事な5つのポイント

動画を作るためには、まず状況を確認することが重要です。次の5つのポイントがしっかりとクリアされていることをチェックしてから動画の作成に取り掛かるようにします。

CHECK!

- ✓ どのタイプの動画なのか
- ✓ 撮影機材や編集ソフトはあるか
- ✓ 動画の撮影・編集をする業務の余力・時間があるか
- ✓ 本当に動画を作る必要性があるか
- ✓ 継続性があるか

再生回数が多ければ良いわけではない

再生回数が多ければ嬉しくなりますし、何よりKPI（重要業績評価指標）の数字として分かりやすいというメリットがあります。しかし、再生回数が多くても低評価であることもあります。極端な話「炎上動画」を作ってしまえば再生回数は確実に増えます。しかし自治体の動画作りの人件費は税金で賄われているわけですから、住民のため、まちのプロモーションのために骨抜きではない「本物の」動画を作る責務があると言えます。見てもらいたい人はだれか、そしてどんな効果を期待するのかを企画の時点で明確にしブレないようにする必要があります。再生回数ばかりを追っていると本質からずれてしまうので注意しましょう。

→ 全体の流れをつかむ

動画作りは下記のような流れで行います。特に肝となるのは企画です。ここである程度の形を作り可視化します。ガッツリとした企画書でなく絵コンテでもOK です。この時点で起案や上司のチェックをしておいてもらえば円滑に進行できます。

CHECK!

企画

内容
絵コンテを作る
必要なものの準備

起案を上げておき
最後にひっくり返るのを防ぐ

CHECK!

撮影

機材の用意
日時の設定
予定の調整

天候や業務によっては予定通りいかないことがある

CHECK!

編集

動画を切り貼り
演出・字幕
BGM

ココが一番時間のかかるところ

CHECK!

公開

配信時期
告知媒体
サムネイル作り

自治体動画を好き好んで見る人はあまりいないので、拡散戦略が必須

CHECK!

分析

視聴回数
エンゲージメント
流入動向

数字で動画の良し悪しが分かるので軌道修正しやすい

共感・検索・共有と拡散
自治体動画は3つの「S」を心得る

動画を作るだけでは誰の目に触れられることもありません。YouTubeなどで公開しても、興味関心を得られなければ再生されることはないでしょう。大事なのは3つの「S」です。例えば、今、農林水産省の「BUZZ MAFF」が注目されていますが、これは地域を農で盛り上げるというメッセージによる「共感（Sympathy）」が重要な役割を果たしています。

① Sympathy（共感）

出所：「BUZZ MAFF ばずまふ」https://www.youtube.com/channel/UCk2ryX95GgVFSTcVCH2HS2g

BUZZ MAFFの公式チャンネルで配信された「農水省からのお知らせ」の動画は、「コロナにより入学式や卒業氏といった式典が中止になり窮地に立たされた生花を扱う農家に手を差し伸べるために、お花を飾ってみてはいかがですか」という内容。公務員らしい生真面目さと最後のオチのギャップだけでなく、自分も何か力になりたいという「共感」を引き出したことも注目を集めた要因です。

② Search（検索）

以前は何かを知りたいときにYahoo!やGoogleで検索するのが当たり前になっていましたが、現在はYouTubeで「検索」して情報を動画で得る人が増えてきました。自治体としても、若い人への情報発信のツールとして動画を見逃すことはできません。

出所：YouTube

③ Share（共有）& Spread（拡散）

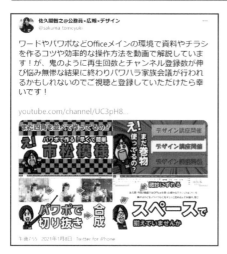

動画をただ公開するだけでは見てもらえません。多くの人の目に触れるようにするためには、「共有」し「拡散」を促すことが重要です。例えば動画を YouTube にアップするのと同時に Twitter で告知をすると、より多くの人にリーチができます。SNS での「共有」をこまめに行うことが「拡散」に繋がります。

TIPS　ソーシャルメディア時代の情報拡散

AIDAS：インターネット時代の情報のシェアのプロセス

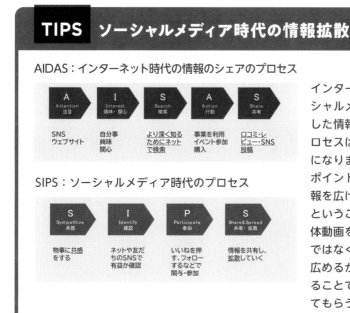

A Attention 注目	I Interest 興味・関心	S Search 検索	A Action 行動	S Share 共有
SNS ウェブサイト	自分事 興味 関心	より深く知る ためにネット で検索	事業を利用 イベント参加 購入	口コミ・レ ビュー・SNS 投稿

SIPS：ソーシャルメディア時代のプロセス

S Sympathize 共感	I Identify 確認	P Participate 参加	S Share&Spread 共有・拡散
物事に共感 をする	ネットや友だ ちのSNSで 有益か確認	いいねを押 す、フォロー するなどで 関与・参加	情報を共有し、 拡散していく

インターネットやソーシャルメディアを活用した情報の広がりのプロセスは左の図のようになります。ここでのポイントは「S」が情報を広げるキーであるということです。自治体動画を作って終わりではなく、どのように広めるかまで組み立てることで多くの人に見てもらうことにつながります。

伝わる動画を作るポイント①
目的・ターゲットを明確にする

前述した通り、自治体動画には多くのタイプが存在します。それぞれの種類によって狙いや目的が異なることをまず認識しなければなりません。対象は住民なのか、それともプロモーションとして住民以外の層に見てもらいたいのかを明確にしないと「動画を作ること」が目的となってしまいます。ここでは動画を作る目的の明確化やターゲット設定のポイントをご紹介します。

①なぜ動画を作るのかを考える

①申請書に記載漏れが多い ②合理的配慮が足りない ③まちの魅力が伝わっていない ④若年層のまちへの関心が低い	→	①手順を動画で解説 ②字幕や音声で細かな配慮 ③ PR 動画で気づきに繋げる ④動画でまちの情報を届ける
課題を洗い出す		動画が課題の改善策となるか検討

「なぜ動画でなければいけないのか」を考えるために、現状の「課題」を洗い出します。次にその課題を解決するための方法として動画がベストかを考えます。このときに、本当に動画でなければ課題が解決できないのかを慎重に考えることが大事なポイントです。

②目的・ターゲットを明らかにする

①記載漏れを減らす ②弱視・難聴の人への配慮 ③まちのファンを〇〇人増やす ④意外性のある動画で関心向上	→	①高齢者→窓口のサイネージで ②朗読ボランティア関係者から ③まちの住民以外の人 ④高校生〜大学生
目的を明確にする		ニーズに対して対象を絞る

次に「課題」を紐解き、目的を明確にします。目的が明確になったら、動画を見てほしい「ターゲット」が誰かを構築します。

ペルソナ設定をする

ターゲットを設定するときに便利なのが「ペルソナ設定」です。これは動画を見てもらいたい人の「年齢・性別・家族構成・仕事・趣味・日中の行動」などの詳細を設定し、より具体的にする方法です。

ペルソナ設定から動画配信方法が見えてくる

ペルソナ設定で具体的に想定された人が「どういう行動をするのか」→「それは何時ごろか」など掘り下げていくことで、作成した動画をより効率的に届ける方法が見えてきます。

年齢：35 歳　性別：男性　仕事：公務員
家族：共働きで小学生の子どもが 2 人
趣味：写真撮影・動画作り
日中の行動：電車通勤（30 分）・昼休みは自席でお弁当を食べる・土日は家族と公園・外食が好き

この人がどうしたら自治体動画に興味を持つのかを考える

例えば上のペルソナ設定から、次のような企画と狙いを立てられます。
・通勤中の電車の中で見てもらう→動画の告知チラシを駅のラックに陳列
・小学生が興味のある動画を作る→地域一体型の動画でプロモーション
・児童手当や現況届を毎年提出　→申請手順の動画を用意する

TIPS　自分が見たいと思う動画を作ることが基準

「見られる動画」「興味深い動画」「面白い動画」とは何か？ と聞かれたら皆さんはどう答えますか。その答えは人それぞれで正解はありませんが、ポイントとなるのは「自分が見たいと思う動画」かどうかです。あなたが「どうせ誰も見ないだろうと思いながら、上から言われたからとりあえず作った動画」があったとして、それを見たいと思いますか？ 自分で見たいと思わない動画はかなりの確率で他の人も見たいと思いません。つまり自分で作った動画を見て「面白い」「価値がある」「また見たい」と思えるものを作ることを基準としましょう。

1-6 基礎編

伝わる動画を作るポイント②
ワンメッセージで情報を絞る

自治体が情報を届けるときにやりがちなのは「あれもこれも」情報を入れてしまうことです。動画も同じで、自治体PR動画ではたくさんのおすすめスポットの紹介を5〜10分に詰め込み最後に自治体のロゴが出て終わりという動画がよくありますが、再生されていないケースがほとんどです。多くのシーンを入れたくなるのをこらえて「ワンメッセージ」にすると狙いが絞れて効果的です。

情報を入れすぎない

要介護認定の申請方法
・役所の入口の説明
・申請する窓口の場所の説明
・庁内のおすすめスポット紹介
・周辺のおすすめスポット紹介
・記入の仕方の解説

何を伝えたいのか不明瞭

要介護認定の申請方法
★申請書の書き方
→記入例
→よくあるご質問

ワンメッセージで簡素に

住民のニーズが何かを想定しないと盛りだくさんの内容になって、本当に知りたい情報が伝わらなくなってしまいます。一つに絞るほうが伝わりやすくなります。

主役を決める──幕の内弁当は×

「おすすめは何ですか」と聞かれたときに「全てです！」と言うような動画はNG。主役を決めて、幕の内弁当動画にならないようにテーマごとに動画を分けるなどの工夫をしましょう。

佐久間町は自然豊かで空気もきれいで子育て支援も充実して駅から近い。

主役(メイン)がわからない

佐久間町は
自然が豊かなまち。

主役を決めると伝わりやすい

➡ 事例：中野区公式チャンネル

東京都中野区の YouTube では目的別に再生リストを分けています。例えば「中野区公式チャンネル」の中の「中野区防災 YouTube」という再生リストでは避難所で有事の際に自助で行わなければいけないことを動画で細かく解説しています。ここでのポイントは「炊き出しバーナー」「発電機」「間仕切り」「マンホールトイレ」などの資機材の操作を一つひとつ動画を分けて解説していることです。

出所：「中野区防災 YouTube」https://www.youtube.com/playlist?list=PLS3HuK8ik8xnFoxUffVKRby-Rh1Ibsfp3

自治体動画こそ短く簡素にすべし

防災の動画を自治体が作ると「避難所で行うこと」など一括りにして一つの動画にまとめてしまいがちです。しかし、それでは有事の際には一つの動画の中から知りたい情報だけをピックアップする時間と手間を省きたいという住民のニーズとずれが生じてしまいます。住民のニーズに応えるためにはワンメッセージでコンテンツごとに細分化したニッチな情報を動画で届けるようにします。

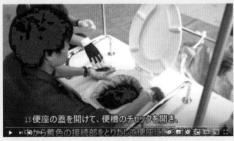

出所：同上

伝わる動画を作るポイント③
共感される工夫を凝らす

大きな反響を生んだ自治体動画に共通する特徴は「共感」される内容であった
ことです。共感するポイントが多ければ多いほど、他人にも知ってほしいとい
う心理が働き共有・拡散に繋がります。例えばコロナ禍の今、事業者支援の給
付金についての情報があった場合、困っている事業者同士で情報共有ができる
ようなしかけをつくるなど、相手にとってのメリットを考えた動画にすること
が共感を生み出すポイントです。

主語を相手にする

共感を生む動画を作るための工夫の一つに「主語を相手にしてみる」という方法が
あります。「住民が」「企業が」「まちのことを知らない人が」など、ターゲットとな
る相手を主語にしてニーズがどこにあるのかを考えてみます。

CHECK!

✔ 住民が本当に知りたい（　　　　　　　　　　）動画
✔ 企業が困っている（　　　　　　　　　　　　）動画
✔ まちのことを知らない人が（　　　　　　　　）動画

このカッコ内に何を入れるのかを考えてみます。例えば住民が本当に知りたい「自
治会の」動画、企業が困っている「補助金手続きの煩雑を解消する」動画、まちの
ことを知らない人が「思わず目を疑う」動画などと考えていきます。

動画を見た人のメリットを考える

続いて動画を見た人のメリットを想定します。「住民が本当に知りたい自治会の動画」
とした場合、**「自治会に加入するメリットは何か」**を考えます。例えば「希薄になり
つつある地域との連携をより深くし、有事の際の自助・共助に繋げることができる」
などとします。ここで共感を生むための工夫として「地域の人に登場してもらい有
事の際に自治会に加入していてよかったと思ったエピソードを伝えてもらう」とい
う方法を考えることができます。これらを企画として起案に添付すれば、目的やニー
ズ、ポイントが明確になり、内部の共感も見出すことができるのです。
行政が作りたい動画ではなく「相手が見る価値がある動画」を作ることが重要です。

→ 一緒に考えてみよう！

窓口の申請手続きの流れを紹介する動画を作る

動画のニーズは何か？
（　　　　　　　　　　　　　　　　　　　　　　　　　　　）
動画を見た人のメリットは何か？
（　　　　　　　　　　　　　　　　　　　　　　　　　　　）
どんなシーンが必要不可欠か？
（　　　　　　　　　　　　　　　　　　　　　　　　　　　）

→ 例えばこんな風に起案に添付する企画書を作る

動画のニーズ
（　記入の仕方が分かりにくいから説明してほしい　）
動画を見た人のメリット
（　記入漏れがなく円滑に申請できる　　　　　　　　）
どんなシーンが必要不可欠か
（　間違いが多い箇所の説明　　　　　　　　　　　　）

TIPS　ちょっとした工夫

窓口の申請手続きの流れを紹介する動画を作る際、間違いやすい・分かりにくい記入欄は○×方式で示すようにすると、視聴者がイメージしやすく記入の仕方を間違いにくくなります。

行き当たりばったりで作らない！
ゴールまで考えた絵コンテを作る

自治体動画を作るためには、他の業務を行いながら効率的に撮影、編集をしなければなりません。また必要なシーンやセリフなどの漏れがないように確認することも重要なポイントです。これらを解決する方法が「絵コンテ」を作ること。絵コンテがあると、内部で調整するときに動画全体の流れを「読んで」ではなく「見て」把握できるのでスムーズな動画作りが可能となります。

絵コンテとは？

絵コンテは動画全体の流れや必要なシーンなどを俯瞰して見ることのできる大事な設計図です。これまで説明した動画を作るポイントや目的を踏まえて絵コンテを書いていきます。

自分だけではなく他の人も動画全体のイメージを持つことができるので、絵コンテがあると出演者がいても安心です。また編集も効率的に行うことができます。

絵コンテを作るタイミング

いきなり絵コンテを作っても、目的や意図が明確でないと「自分が作りたい動画」になってしまいます。しっかりと企画を練って、内部調整をしてから絵コンテを作ります。

絵コンテを作る流れ

フォーマットを活用

①簡単な絵コンテのひな形を用意します（QRコードからDLできます）。ここに書き込んでいきます。

内容やセリフを先に書く

②いきなり絵を書くのではなくまず「内容」を、次に「セリフ・ナレーション」を書いていきます。

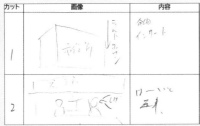

ラフの絵を描く

③綺麗に描く必要はありません。絵心がなくても大丈夫です。イメージを掴むことができればOK。

撮影・編集

④絵コンテを元にして撮影・編集を行うことで、イメージ通りに仕上がります。

事前準備で失敗&炎上を防ぐ
必要な機材と注意点

プロが作る動画は人員、機材、コストなど惜しみなく投資して作られますが、自治体動画ではそこまで投資することは難しいです。しかし、必要最低限の準備は必要です。作る動画のタイプによって用意する機材や編集ソフトなどが異なるので押さえておきましょう。撮影前に注意しなければならないポイントも併せてご紹介します。

動画作成に必要な主なもの

ウェブカメラやマイクがなくても PowerPoint だけで動画を作ることが可能ですが、より凝ったものを作るとなると、それなりの準備が必要です。動画のタイプによって準備するものが変わるので、必要なものを下の表で押さえておきましょう。

	PowerPoint	スマートフォン	本格派
撮影時	パソコン PowerPoint ウェブカメラ コンパクトライト	スマートフォン コンパクトライト 三脚 ジンバル マイク	パソコン 一眼レフ・ミラーレス 照明 マイク ブルーバック
編集時	PowerPoint BGM	動画編集アプリ スマートフォン BGM	有料の編集ソフト
公開時	SNS アカウント YouTube アカウント サムネイル	SNS アカウント YouTube アカウント	SNS アカウント YouTube アカウント サムネイル

撮影時の注意点①　情報漏洩に注意する

意図せずに動画内に映りこんだものが住民の個人情報だとしたら、大変なことになります。編集時にぼかしやモザイクを入れて処理することもできますが、作業が大変になってしまいます。できるだけ撮影時に確認するようにしましょう。

CHECK!

✓ **意図しない人物が映っていないか**
→個人が特定できるレベルで顔が映ってしまったら、必ず本人の許可を取る

✓ **車のナンバーが映っていないか**
→編集時にぼかしを入れる

✓ **飲み物や食べ物が映っていないか**
→商標権・意匠権があるため、ラベルを剥がすなどする

✓ **情報漏洩に繋がる映り込みはないか**
→自席の資料やパソコンの画面など情報漏洩がないか確認する

撮影時の注意点②　炎上を防ぐリスクマネジメント

取り上げる内容や表現によって、動画を見た人の印象が左右されます。炎上を防ぎながら自治体動画に親近感を持ってもらうためには下記の点に注意しましょう。

CHECK!

✓ **5つの「S」を避ける**
→政治・宗教・セクシャル・差別・戦争　※スポーツも注意。賛否両論が生まれやすい

✓ **否定的な表現をしない**
×　美味しくない　○　個性的な味

TIPS　まず「作れるもの」に手を出そう

「準備が足りないからやらない」「難しそうだからやらない」「炎上が起こるかもしれないからやらない」ではなく、とにかく一度、今あるもので動画を作ってみることをおすすめします。一つの動画を作るためにどれくらいの時間がかかるかは人によって異なります。トライアンドエラーが重要です。

1-10
基礎編

背伸びしなくても大丈夫！
必要な動画編集ソフトと特徴

動画を作るために欠かせないのは「動画編集ソフト」です。自治体がプロ向けの編集ソフトを全職員分用意するのはなかなか難しいですが、どの自治体にもある Office を活用することで、広報や観光などの部署の職員でなくても、動画を作ることができます。環境ごとにどのレベルの動画が作れるかを一度整理してみましょう。

初心者向け　難易度：☆☆☆☆☆　PowerPoint

PowerPoint では簡単にスライドを録画、録音することができます。専門的な知識もそれほど必要なく手軽に動画を作れます。

メリット
→自治体の PC に入っている
→解説動画など簡単な動画が作れる

デメリット
→できることが限られる

中級者向け　難易度：★☆☆☆☆　スマートフォン

手軽に撮影から編集まででき、かさばらないので持ち歩きも容易です。

メリット
→スマホ一つで撮影から編集、公開ができる

デメリット
→専用のスマホは用意してもらえない
→字幕や細かな編集が苦手
※本書では主に iPhone と iMovie というアプリを使って説明していきます。

上級者向け　難易度：☆★★★★　**VideoStudio**

プロ向けの動画編集ソフトは Adobe の「Premiere Pro」や「After Effects」などが支流です。使い勝手は非常に良いのですが、自治体のインターネット環境下では使用できないというデメリットがあります。そこで筆者は Corel の「Video Studio」をおススメしています。こちらはパッケージ版であるため自治体でも使用できますし、一度購入してインストールすればずっと使い続けることができるからです。

一方で、動画の編集はパソコンにかかる負担が大きく、良いソフトを購入してもパソコンのスペックが低いとすぐに落ちてしまいます。ソフトを購入する際、使用するパソコンのスペックを電算や情報システム担当と擦り合わせるようにしましょう。

メリット

→凝った動画を作れる
→複数の動画を一画面で表示できる
→エフェクト処理がたくさんできる

デメリット

→有料
→凝れば凝るほど時間がかかる
→高い性能のパソコンが必要

直感的に動画編集を行うことができる

動画

動画を繋ぎ合わせる
色味・エフェクト処理
合成処理を行う

音

バランス調整
BGM 挿入
効果音を挿入

字幕

字幕を入れる
テロップを入れる
ロゴを入れる

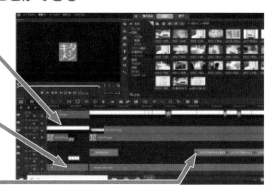

使用ソフト：Corel VideoStudio

TIPS　**有償の価値を考えよう**

フリーのソフトで何とかしたいという声をよく聞きますが「無料のリスク」を考えてみる必要があります。ソフトをパソコンにインストールすることはウイルス感染のリスクがあるうえ、急に使用できなくなっても何も保障されません。リスクマネジメントを勘案して有償のものをおススメします。

1-11 基礎編

使えるものをうまく使おう
おすすめのフリー素材サイト

画像やイラスト、BGM や効果音を自治体が自前で準備するのはなかなか大変です。実は、とても素敵な画像やイラストなどをフリーで公開しているサイトがあります。利用規約をしっかり遵守しながら活用して、伝わる動画作りに繋げましょう。

写真サイト

PAKUTASO（ぱくたそ）

https://www.pakutaso.com/

人物から風景まで、幅広い高品質な画像をフリーで提供しています。PowerPoint でアニメーションや合成背景に使うことができるのでとても便利です。

イラストサイト

イメージを伝えたいときはイラストを活用します。下記の2つは非常にオシャレでセンスの良いイラストが多数用意されているのでおススメです。

ソコスト
https://soco-st.com/

ちょうどいいイラスト
https://tyoudoii-illust.com/

音源・BGM サイト

DOVA-SYNDROME

https://dova-s.jp/

「穏やか」「賑やか」などキーワードを入れて検索するだけで、イメージに合った BGM を選択できます。有名な YouTuber も活用しているおススメの BGM サイトです。

SE サイト

魔王魂

https://maou.audio/category/se/

チャイム音や太鼓の「どどん」というような音など、多くの SE（Sound Effect：効果音）があります。単調になりがちなときに SE を入れて変化をつけるのに便利です。

TIPS 「商用フリー」にご用心

「商用フリー」などとうたっているサイトでも、ライセンスや利用規約をよく読むと条件によって有料になるところがあります。また概要欄にクレジット表記が必須の場合もあります。必ずガイドラインを遵守しているかを確認してから利用するようにしましょう。

1-12 基礎編

石橋を叩いて動画を作る
著作権・商標権・肖像権チェック

動画のタイトルや動画内で使用する映像・画像・音楽、全てに著作権や商標権・肖像権が絡みます。もしも無断利用をした場合、自治体が訴訟を起こされてしまうかもしれません。動画を作ることが信用失墜行為に繋がってしまう恐れがあるので、しっかりと権利のルールを押さえておきましょう。

著作権

著作権とは作品を創造した人が有する権利のことで、フリー素材だとしても著作権者の定めた利用条件に違反して利用した場合は**「著作権侵害」**に該当する可能性があります。各サイトには必ず利用規約やガイドラインが明記されているのでしっかりと確認をしてトラブルを起こさないように注意しましょう。

ガイドラインや利用規約を必ず確認する！

商標権

商標権は、商標を使用する者の業務上の信用を維持し、需要者の利益を保護するため、商標法に基づいて設定されるものです（出所：特許庁ホームページ）。
例えば下記のようなケースが起こり得るので注意しましょう。

エクササイズの体験教室「×××○○○」を開催するにあたり、SNS や広報で集客を行った。	→	「×××○○○」の商標登録をしていた団体から「商標権侵害」の連絡がきた。

意匠・商標がされていないか、右ページを参考にしながら検索をして確認する！

肖像権

肖像権とは、人物を無断で撮影したり公開したりされないように保護する権利です。あくまで人物のみで、映像に映り込んだ「もの」については認められていません。つまり、映っている人が特定できるかが重要なポイントです。

プライバシー権

無断で撮影したり公開したりされないように主張できる権利です（人物に限る）。では、渋谷のスクランブル交差点を定点カメラで撮影していた場合はどうなるでしょうか。この場合「個人が特定できるか」がポイントとなります。豆粒程度の大きさで誰だか分からなければ問題ありませんが、顔や服装から個人が特定できたとしたらプライバシー権に抵触します。本人の承諾を得られていない場合は、編集時にぼかしを入れるなどの対応が必要となるということです。

パブリシティ権

例えば、商品を PR するポスターに著名人を登用して売上が上がるなど、芸能人など著名人の氏名や肖像などはその存在自体に価値があります。もしも芸能人が登場する動画を作成する場合には、パブリシティ権の問題がないかをその芸能人の所属事務所等に確認します。勝手に使用すると訴訟に発展する可能性があるので注意しましょう。

TIPS 判断に迷ったらサイトで確認

商標権について、すでに登録されているかを特許庁のサイトで確認することができます。また肖像権について詳しく解説している日本音楽事業者協会のサイトを見ることをおススメします。

特許情報プラットフォーム

https://www.j-platpat.inpit.go.jp/

日本音楽事業者協会

https://www.jame.or.jp/shozoken/

YouTube でできることを知っておく
動画を公開・分析する目的

動画が完成したら SNS を活用して配信をします。Instagram のストーリーや Twitter に動画をアップする方法もありますが、本書では YouTube を活用した方法を紹介します。これは他の SNS に比べて YouTube Studio など事後分析をするツールが多く用意されているため、住民や議員に説明する判断材料として有効的であると言えます。諸刃の刃ではありますが……。

誰でも手軽に動画を公開できる

出所：YouTube Studio

YouTube のアカウントを持っていて動画ファイルさえ用意できれば、すぐに動画を公開することができます。一方で気軽に公開できるため動画が飽和状態となり、面白みのない動画はスルーされてしまうため、内容・タイトル・サムネイルが重要になります。

動画の分析ができる

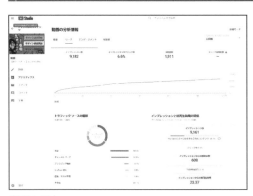

出所：同上

YouTube アカウントを持っていれば、再生回数だけではなく「どんな検索ワードで動画が見られたのか」「何秒で離脱したのか」など細かな情報を「YouTube Studio」から読み取ることができます。活用することで、自治体マーケティングのツールとしても役立てることができます。

→ YouTube の利用者数と動向

日本の 2020 年 9 月時点の月間利用者数は 6,500 万人を超えました（出所：Google、日本、18 〜 64 歳、2020 年 9 月）。つまり日本の人口の 2 人に 1 人は YouTube を見ていることになり、自治体の情報発信のツールとして見逃すことはできません。

テレビで YouTube を見る時代

新型コロナウイルス感染症の外出自粛の影響で自宅で過ごす時間が増えたことで、動画を見る人が増加しました。2020 年 6 月には 1,500 万人以上が「テレビ画面」で YouTube を視聴するようになりました（出所：Google、日本、2020 年 3 月）。つまり、自治体で YouTube チャンネルを設けて定期的に更新すればテレビのレギュラー番組のような効果を見込めるということです。さらに分析もできるため、非常にコストパフォーマンスの高いツールと言えます。

全世代が利用している YouTube

総務省が公表している令和元年度の「情報通信メディアの利用時間と情報行動に関する調査報告書」を見ると、LINE と YouTube を利用している人が大多数を占めていることが分かります。10 年前と比べて住民の情報ツールが大きく変化してきている中で、どの部署も自治体動画を作らなければならないのは必然であり、急務と言えるでしょう。

【令和元年度】主なソーシャルメディア系サービス／アプリ等の利用率（全年代・年代別）

	全年代(N=1500)	10代(N=142)	20代(N=211)	30代(N=253)	40代(N=326)	50代(N=278)	60代(N=290)	男性(N=758)	女性(N=742)
LINE	86.9%	94.4%	95.7%	94.9%	89.3%	86.3%	67.9%	85.1%	88.8%
Twitter	38.7%	69.0%	69.7%	47.8%	33.4%	28.1%	9.3%	41.8%	35.4%
Facebook	32.7%	28.9%	39.3%	48.2%	35.9%	33.5%	12.1%	33.4%	32.1%
Instagram	37.8%	63.4%	64.0%	48.6%	32.5%	30.9%	9.3%	31.9%	43.8%
mixi	4.1%	1.4%	6.6%	5.1%	4.0%	4.7%	2.1%	4.0%	4.2%
GREE	2.1%	1.4%	1.2%	1.2%	3.7%	1.1%	0.7%	2.5%	1.6%
Mobage	4.2%	7.7%	8.1%	4.7%	3.7%	2.2%	1.7%	5.9%	2.4%
Snapchat	2.9%	12.7%	2.8%	3.2%	1.8%	0.7%	1.4%	3.0%	2.8%
TikTok	12.5%	47.9%	20.4%	12.6%	5.5%	6.5%	2.8%	11.3%	13.6%
YouTube	76.4%	93.7%	91.5%	85.4%	81.3%	75.2%	44.8%	79.7%	73.0%
ニコニコ動画	17.4%	30.3%	33.2%	20.6%	12.3%	14.4%	5.5%	20.4%	14.3%

出所：「令和元年度情報通信メディアの利用時間と情報行動に関する調査報告書（総務省情報通信政策研究所、令和 2 年 9 月）」

[**1章** のまとめ&チェック]

- ✅ 動画を作る必要があるか考える

- ✅ 企画で動画の目的を明確にする

- ✅ 絵コンテを作り動画全体を把握する

- ✅ 撮影に必要なものを準備する

- ✅ 編集ソフトをタイプ別に使い分ける

- ✅ フリーサイトを活用する

- ✅ 著作権・商標権・肖像権に注意する

- ✅ 公開後は分析をする

- ✅ 時代の変化に対応する

 ワンポイントアドバイス

手っ取り早く自治体ならではの動画を企画するには、「公式 市役所」でYouTube検索をしてみることです。すると様々な市役所（町や区役所でもOK）の動画が表示されます。その中から作ろうと思っている動画に近いもの、再生回数が多いものを選びその内容やサムネイルを分析するという方法がおすすめです。ぜひお試しください。

2章
[初級編]

PowerPoint & Windows で動画作り

普段の業務の延長線上で動画を作ろう
PowerPointで動画を作るポイント

専用の動画編集ソフトを自治体職員のPCに入れるのは難しいですが、実はほとんどの職員のPCに入っているPowerPointで動画を作ることができます。このことは意外と知られていません。簡単なものであれば公務員でも動画作成をすることができるのです。

過去の資料を活かすことができる

まちづくり懇親会などの住民向けの説明資料や研修資料など、過去に作成したPowerPointの資料を使いながら解説すれば、時間も費用もかからずに動画を作ることができます。

専門の知識がなくても誰でも作れる

動画を作るとなるとハードルが高いイメージがありますが、PowerPointであれば誰でもすぐに動画作成や編集ができるようになります。**異動の多い公務員だからこそ、属人化しないためにPowerPointを活用するメリットは大きい**と言えます。

複雑なシナリオや絵コンテの必要がない

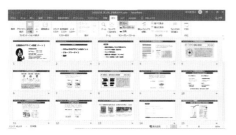

スライドが用意されていればそれに準じて解説していくだけでよいので、改めてシナリオを作ったり、絵コンテを作る必要がなく、気軽に動画を作ることができます。

PowerPointの「表示」タブから「スライド一覧」を選ぶと全体のスライドを俯瞰で見ることができます。これが絵コンテと同じ役割を果たします。

動画撮影をしなくても作れる

通常の動画の流れでは「動画を撮影」→「動画を編集」→「動画ファイルを作成」となりますが、PowerPointで動画作成する場合は、スライドさえ作っていれば「スライドを記録」→「動画ファイルを作成」の手順だけで済み、動画撮影をする必要がありません。

TIPS PowerPointで作るのに適している動画

住民向けに解説するような動画はもちろん、内部職員向けの研修動画を作る場合にも、以下のような資料があれば広報担当が動画を作らずに人事課等が動画を作ることもできます。

CHECK!

✔ **内部職員向けの解説動画**

✔ **住民向けの申請書記入例の解説動画**

✔ **図書館の紙芝居の読み聞かせ動画**

✔ **複雑な制度の解説動画**

✔ **ワクチン接種などの手順動画**

× 写真や映像・字幕が多い動画や演出の凝っている動画

いざ作り始める前に
PowerPoint 動画の材料準備

PowerPoint で動画を作る最大のメリットは、パソコン1台で動画の録画から録音、ファイルの書き出しまで全てこなせることです。しかし、準備するパソコンの性能や PowerPoint のバージョンによって、できることとできないことがあるので準備するものを確認しましょう。

PowerPoint（2019 以降推奨）

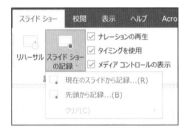

PowerPoint2019 以降は【スライドショーの記録】から、パソコンのカメラを使ったワイプも録画できるようになりました。それ以前のものだとワイプは録画できませんが、スライドの録画は可能です。

スライドデータ

解説動画など　　　　　　　　写真を並べたスライドショー動画

記入例の手順動画や研修動画などを作るためには、スライドデータが必要です。さらにアニメーションなどを活用すると飽きのこない動画を作ることができます。また、写真をスライドに1枚ずつ貼り付けて写真のスライドショーの動画を作ることもできます。

カメラ付き PC・イヤホンマイク

 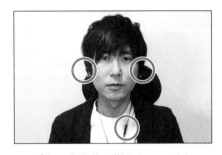

コロナ禍で貸出用のカメラ付きノートパソコンがある自治体も増えたのではないでしょうか。カメラ付きパソコンを活用するとワイプで解説者の表情が見えるので、より訴求効果の高い動画を作ることができます。また雑音がない状態で録音するためにイヤホンマイクを用意しましょう。

BGM・イラスト・写真など

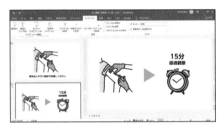

名前	トラック番号	タイトル
01_SPEED.mp3		SPEED
02_STUPID CAUTION.mp3		STUPID CAUTION
03_NOname.mp3		NOname
04_PIG MAN.mp3		PIG MAN
05_HELOO&GOOD-BYE.mp3		GOODBYE
06_GOOD LUCK.mp3		GOOD LUCK
99_名前忘れた.mp3		名前忘れた

イラストを活用してアニメーション効果を付けたり、画面切り替えの変形などを活用したりすることで動きのある動画を作ることができるので、使うイラストなどを準備します。また音楽ファイル（mp3）を用意しておき、必要に応じて音楽を流せるように準備しておきましょう。

TIPS　PowerPoint が古いバージョンの場合

PowerPoint2010・2013 などの古いバージョンでも、スライドショーの記録が可能です。できる範囲は限られますがスライドの録画と録音をして動画ファイルの出力をする流れは最新のバージョンと遜色ありません。ワイプを入れなくてもよければ、古いバージョンの PowerPoint しかなくても十分動画を作ることができます。

2-3 初級編

できあがりまでをイメージする
PowerPoint で解説動画作り

PowerPoint で効率的に自治体動画を作るためには、全体の流れを把握しましょう。PowerPoint で動画を作るときの重要なポイントとして、スライドを活かして作ることがあります。アニメーション効果などを駆使して伝わりやすさを演出するなどの工夫が必要です。

①企画をしてスライドを作る

スライドを作り始める前に全体の流れを考えます。ポイントはいきなり作り始めないことです。まず何を伝えたいのかを明確にしてから、絵コンテかラフな下書きを作って全体の流れを考えるようにします。そうすることで、イラストや BGM など必要な素材がわかるので準備します。ここまでできてはじめてスライドを作り始めます。

CHECK!

- ✔ スライドの構成を考える
- ✔ 簡単な絵コンテ・下書きを作る
- ✔ 必要な素材を準備する
- ✔ スライドを作り始める

②スライドショーで録画をする

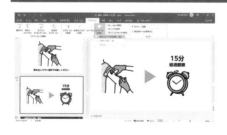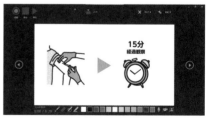

スライドの準備ができたらスライドを録画します。カメラを活用して解説のワイプを同時に録画することもできます。右の画像が録画画面です。スライド上にペンで書き込む動作も録画できます。

③微調整をする

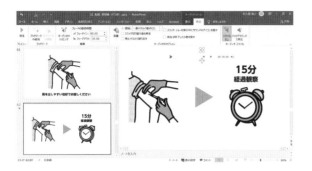

録画し終わったらスライド内に保存されたワイプの位置やサイズ、BGMの挿入、失敗した箇所の修正などの微調整をします。

④出力をして完了

微調整が終わったら、いよいよ動画ファイルを出力します。【エクスポート】→【ビデオの作成】から mp4 ファイル（動画ファイル）を出力して完成です。

TIPS　自治体でありがちなスライド

よく霞が関の PowerPoint 資料で「ポンチ絵」と言われるものがあります。これは制度などを文字やグラフなどで解説しているものですが、文字ばかりだったり1枚のスライドにギチギチに情報が入っていたりして見る人が迷子になりがちです。PowerPoint で動画を作るときは特に、1枚のスライドにつきワンメッセージを意識しましょう。

実際に流れに沿って録画をしてみよう
「スライドショーの記録」で録画

PowerPoint2019ではスライドショーを記録する機能が進化しました。ナレーションを入れるだけではなくカメラ付きパソコンがあれば解説している人の動画も録ることができるようになったのです。編集ソフトやビデオカメラがなくても一般的な「動画撮影」が気軽にでき、それまで自治体動画を作るのに足踏みしていた人々も動画を作れるようになりました。

①スライドショーの記録を選択

あらかじめ用意したPowerPointのスライドショーをベースに録画していきます。まず【スライドショー】タブから【スライドショーの記録】を選択し、表示されているスライドから始める場合は【現在のスライドから記録】を、最初のスライドから録画する場合は【先頭から記録】を選択します。

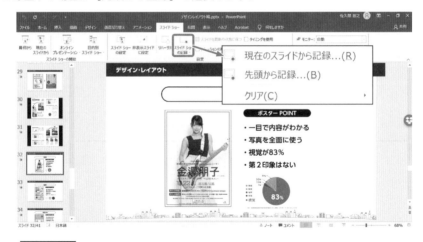

TIPS 撮影前に「ふきグセ」を!

パソコンのカメラを使用するときに注意するポイントは「汚れ」です。ノートPCのカメラのレンズを触ったことに気が付かずにそのままにしておくとぼやけたり画質が落ちてしまったりします。レンズをしっかりとふいてから録画をする癖をつけましょう。

②録画画面が表示されることを確認

次のような画面が表示されます。内蔵カメラがある場合は右下に操作している人の
ワイプが表示されますが、位置は録画後に調整できるので最初は特に動かす必要は
ありません。この画面をベースに録画をしていきます。

③録画の開始・停止

【記録】の赤い丸をクリックすると、カウントダウンののち録画が開始されます。停
止するときは【停止】をクリックします。ページを切り替えるなど記録中に操作し
た動きが全て録画されますが、画面の切り替え時は録音と録画が途切れるので注意
しましょう。停止したあと【再生】をクリックすることで録画された内容を確認す
ることができるので、そこで確認するようにしてください。

④カンペを入力して表示させる

① PowerPoint の編集画面の最下部にある【ノート】をクリックします。するとそのすぐ上に入力バーが開くので、ここに表示されているスライドについての説明を書き込んでおくとカンペ代わりになります。

②入力が終わったら「スライドショー」タブから「スライドショーの記録」を選択します。すると左の画面になるので、上部【ノート】を選択して①で入力したものを表示させます。

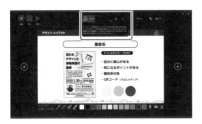

③左画像のように①で入力したものが表示されました。表示したまま解説すれば言い間違えを防ぐことができるほか、パソコンに向かって話すので目線が前を向き、訴求力が高まります。

⑤録音をクリア

クリアを選択すると「録音をクリア」と出てきます。もしもナレーションを失敗した時、今投影しているスライドの録音のみをクリアするか、すべてのスライドの録音をクリアするかのいずれかを選ぶことができます。録音をするときには周囲の雑音に注意しなければなりません。マイクかイヤホンマイクを使い、雑音を最小限に抑えるように気を付けます。

⑥マイクとカメラの確認と変更

右上にある「設定」からマイクとカメラを設定することができます。例えば外付けのマイクを接続している場合、このツールを使用して内蔵のマイクと外部マイクのどちらを使用するか選択します。

⑦音声・カメラのオンオフ

画面右下のマイク・カメラ・ワイプのマークでは音声やカメラのオン／オフを設定できます。オン／オフで録画や録音されるものが異なりますので注意しましょう。

❶音声／❷カメラ／❸カメラのプレビュー

ワイプ表示をオフにします。**録画中は自身は表示されませんが録画はされています。**

カメラをオフにします。**ワイプの映像は録画されずスライドの録画とナレーションだけ**となります。

マイクをオフにすると自動的にカメラもワイプもオフになり、**スライドの動きだけ無音で録画**されます。

⑧ポインター・ペンツールの選択

ポインターとペンツールを活用して、動きのある動画を作ることができます。ポインターで説明している様子やペンで書きこんでいる動きも録画することができるので活用しましょう。

❶レーザーポインター / ❷消しゴム / ❸ペン / ❹蛍光ペン /
❺カラーパレット（❸・❹で使用）

⑨レーザーポインターで注意を引く

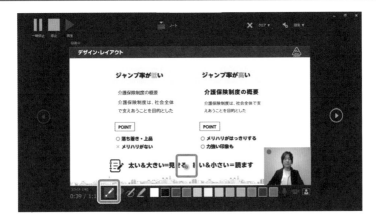

レーザーポインターの動きも記録することができます。どこを今説明しているかを明示するとき、注目させるときに便利なツールです。

TIPS　再生してもポインターの操作が録画されない？

スライドショーの記録をする前に【ナレーションの再生】のチェックを入れていないとレーザーポインターの動きなどを再生できないので、チェックを入れるようにしましょう。

⑩ペンでポイントを書き込んでいく

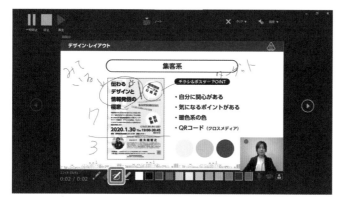

言葉だけでなくペンで書き込むことで、重要なことを可視化することができます。

⑪蛍光ペンで強調させる

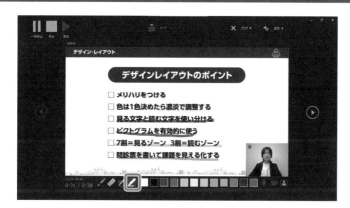

蛍光ペンではペンツールよりも太く、また、上書きしても隠さないで線を引くことができます。押さえておきたい言葉などにマーカーを引くことで強調することができます。

⑫要らないものは消しゴムで消す

書き込みすぎてゴチャゴチャしてしまったら、消しゴムツールで消すことができます。

2-5

初級編

録画〜完了〜確認までの流れ
録画ができているかチェック

スライドを作成してからスライドショーの記録（録画）をし終わって確認するまでの全体の流れを把握しておきましょう。ワクチン接種の注意点について解説しているスライドを例に、録画の下準備から録画内容の確認までの一連の流れを説明します。

①スライドを作りノートにカンペを入れる

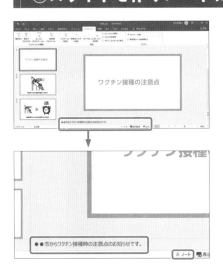

スライドを作る

まず動画の元となるスライドを作成します。アニメーションや画面の切り替えなど思わず見たくなる編集の方法は本書66〜73 ページの解説を参照ください。

ノートにカンペを入力する

各スライドにナレーションを入れる場合は、失敗を防ぐためにノートにカンペを入れておきます。ここまで準備ができたらスライドショーの記録に移ります。

②記録（録画）を開始する

各種設定を確認

ノートを表示させ、右下のマイク・カメラのオン／オフを確認します。準備が整ったら「記録」ボタンをクリックすると、撮影開始のカウントダウンが始まります。

録画されているかチェックする

ワイプ内に赤い丸が表示されていればワイプも問題なく録画されています。スライドを切り替えるときに録音が途切れるので注意します。

録画を停止

画面左上の「停止」ボタンを押すと記録を止めることができます。

録画を再生して確認する

録画が終わると再生マークが表示されるので選択します。録画した内容に問題がないかなどを確認して、問題がなければウィンドウを閉じます。

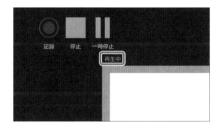

ワイプの確認

スライドショーの記録の画面を閉じると PowerPoint の画面に戻ります。各スライドの右下にワイプが表示されていればワイプが録画されている証拠です。

ワイプの作り方・活かし方
ワイプの移動と位置替え方法

解説している様子をワイプで表示させたときに文字やイラストに重なってしまう場合、記録後に各スライドごとにワイプの位置を変えることができます。さらにワイプは四角がデフォルトですが様々な形状に変えることができます。円は優しい印象を与えられるので住民向けの動画におススメです。

ワイプの形状を四角から円に変える

ワイプをダブルクリック
①記録されたワイプを選択しダブルクリックします。するとタブが自動的に【書式】を選択します。

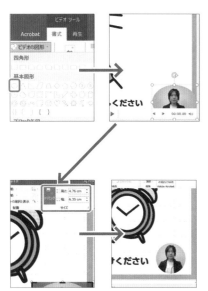

書式からビデオの図形を選択
②続いて【ビデオの図形】を選択します。ここで選択した図形がワイプの形状になります。今回は正円にしたいので円を選びます。

トリミングで整える
③楕円だと綺麗に見えないので右上の【トリミング】を選択します。すると高さと幅の数値が表示されるので、それを見ながら正円に近づけていき、完成です。

ワイプの位置を変える

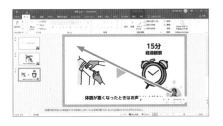

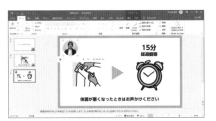

ワイプを選んで自由に移動

ワイプが文字と重なったりする場合は、サイズを変えるか邪魔にならない場所に移動させます。もしくはワイプを削除して、そのスライドではワイプを表示させないという方法もあります。

ワイプに枠線をつけて統一感を出す

ワイプに枠線を入れる

ワイプに枠線を入れると可愛らしい印象になります。ワイプを選択し【書式】から好きな枠線を選びます。少し太めにするのがおススメです。

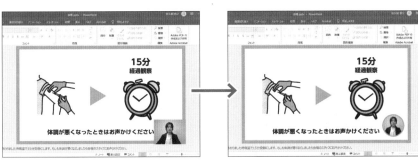

何もしないデフォルトの形状　　　　　　正円にして枠線を入れたワイプ

Windows10 をフル活用
操作方法動画をPCでキャプチャ

例えば自治体のホームページ上でトップ画面からプロモーションサイトなどにどのようにアクセスすればよいか示すため、実際に操作している画面を録画したいとき、Windows10 以上の OS であれば操作画面の録画ができます。

Windows マーク ＋ Gで画面キャプチャツールを起動

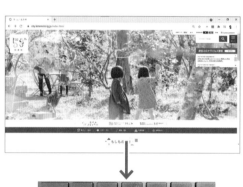

録画したい画面を表示

①録画したい操作を行う画面を表示します。ウェブサイトだけでなく Excel や Word などパソコン上で操作するものは全て録画できます。

Windows とGを同時に押す

②「Windows マーク」と「G」を同時に押します。

ツールが起動

③左のような画面になります。このメニューから操作画面を録画することができます。下のパフォーマンスは PC の負担を見るバロメーターなのであまり気にしなくて大丈夫です。

各操作ボタンを知る

キャプチャで録画・録音

❶スクリーンショット
❷録画
❸マイクのオン／オフ

音声のバランス・音声

❹マイク・スピーカーの音量
❺システム音の音量
❻ブラウザの音量

※複数アプリを起動していると、❻の下に、起動しているアプリの音量設定が表示されます。

録画する

録画ボタンを押すと、キャプチャの状態ウィンドウが表示されます。録画時間、停止、音声のオン／オフも操作できます。

保存先の場所

停止ボタンを押すと「ゲームクリップが保存されました」と表示されます。PC 上の「ビデオ」フォルダに mp4 ファイルが作られます。

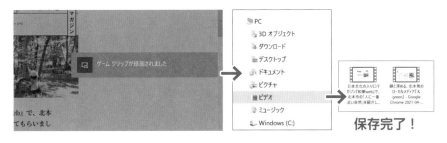

保存完了！

57

イベントレポートなど簡単な動画を作るときでも「いつ・どこで・何をした」かを固定で表示すると、頭に焼き付いて印象的なものになります。特に自治体動画は印象が薄くなりがちなので、固定する方法は有効的です。ここでは2つの固定のさせ方をご紹介します。

スライドまたぎで文字を固定したいとき

よくテレビなどで番組名などが画面の端に固定されています。PowerPoint でもスライドをまたいで同じ場所に固定することができるので実践してみましょう。

①スライドの右上に固定したいテロップを入れます。端っこはぎりぎりではなく少しゆとりをもって配置するのがポイントです。

②配置する場所が決まったら各スライドにコピペしていきます。まず元となる文字を選択してコピーします。

③他のスライドを選択して「Ctrl+V」で貼り付けると、コピー元と同じ位置に貼り付けされます。これでスライドが変わっても固定されます。

スライドまたぎでロゴを固定したいとき

実は文字を画像データにすることができるんです。これを利用して、文字と装飾を
まとめて画像にしたロゴを右上に固定する方法を解説します。

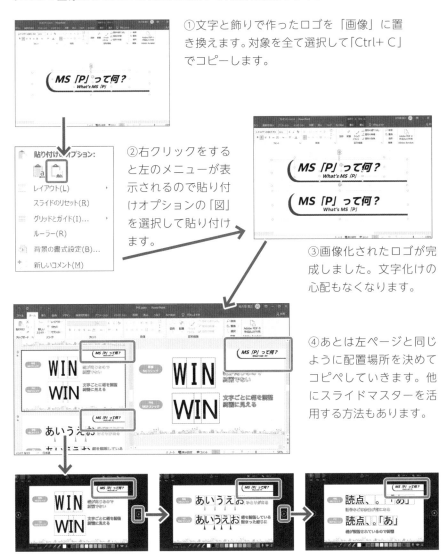

①文字と飾りで作ったロゴを「画像」に置
き換えます。対象を全て選択して「Ctrl+ C」
でコピーします。

②右クリックをする
と左のメニューが表
示されるので貼り付
けオプションの「図」
を選択して貼り付け
ます。

③画像化されたロゴが完
成しました。文字化けの
心配もなくなります。

④あとは左ページと同じ
ように配置場所を決めて
コピペしていきます。他
にスライドマスターを活
用する方法もあります。

⑤スライドショーの記録からちゃんと固定されているかチェックします。
※画像化すると文字を修正することができなくなるので注意しましょう。

太く・大きく・緩急付けて
見やすく読みやすい字幕のコツ

字幕を入れるとき、背景と文字が同化して読みにくい、見にくいということはありませんか？ 誰ひとり取り残さない SDGs や障害者差別解消法の合理的配慮も鑑み、しっかりと読みやすい字幕を使った動画を提供するのは自治体の責務です。PowerPoint で見やすい字幕を作る方法を解説します。

文字は太くて大きいゴシック体を使う

ゴシック体　＞　明朝体
文字に輪郭　　文字に輪郭

ゴシック体は文字全体が太いため、パッと見たときに文字を認識する可視性に優れています。一方明朝体は文字が細いのであまり字幕には向きません。明朝体は輪郭をつけると窮屈な印象にもなってしまいます。小さな字幕のときには特にゴシック体を使うことをおススメします。

見やすい字幕の作り方①　文字を重ねて輪郭を付ける

書式の輪郭で縁取る　　　　２つの文字を重ねる

文字が潰れる　　　　　　文字が潰れない

書式から文字の輪郭をくっきりさせようと太く縁取ると、文字が潰れてしまいます。同じ文字を２つ用意して、一方を書式の文字の輪郭を最大限太くし、もう一方をその上に重ねると見やすくなります。

見やすい字幕の作り方② 輪郭や文字に色を付ける

輪郭を付けない場合

背景の映像や画像と重なると輪郭がはっきりしないので読みにくい印象です。

2つの文字を重ねる場合

輪郭がはっきりするので見やすくなりました。

3つの文字を重ねて色をつける場合

元の文字に二重に輪郭をつけると、より文字がはっきりします。また単語ごとに色を分けるなど細かなテクニックを使うと印象を変えることができます。

見やすい字幕の作り方③ 帯をつける

文字が背景と重なり見にくいときには帯（ザブトン）を使う方法があります。文字の下に図形の四角を帯状に配置して塗りつぶして枠線を取り、【図形の書式設定】→【塗りつぶし】内の【透過性】を調整して少し薄めると自然な仕上がりになります。

2-10

音の有無で印象が変わる
BGM・効果音を入れる方法

BGM をバックグラウンドで流すと動画の印象が変わります。例えばワクチン接種の動画は、穏やかで落ち着いた印象の BGM を挿入するなどします。病院の待合室のようなイメージです。ここでは BGM の他にアニメーションに合わせた効果音（SE）を入れる方法も解説します。

スライドに BGM を挿入する

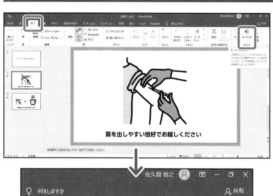

① BGM を挿入したいスライドを選択し【挿入】タブから【オーディオ】を選択します。スライドが変わっても冒頭からずっとバックグラウンドで BGM を流す場合は冒頭のスライドを選択します。

② 【このコンピューター上のオーディオ】を選択し、事前に用意した PC 上の音楽ファイルを選択します。

③スライドの中心に左画面のように再生バーが表示されたら挿入完了です。再生バーの「スピーカーマーク」で音量の調整ができます。抑えめにするのがポイントです。

バックグラウンドで再生を選ぶ

【バックグラウンドで再生】を選ぶとスライドを記録している最中は後ろでBGMが流れています。スライドを切り替えてもずっと流し続ける場合は【スライド切り替え後も再生】にチェックをいれます。

オーディオのトリミングで長さを調整する

BGMの始まりや終わりを決めることができます。例えばサビから始めたい場合などは【トリミング】で緑のつまみを動かすと開始地点、赤のつまみを動かすと終了地点を変えることができます。

効果音（SE）をアニメーションと同時に入れる

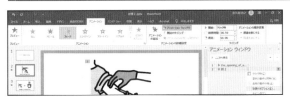

①アニメーション効果を入れると同時に効果音（SE）を挿入することができます。アニメーションの種類を選んだら【アニメーションウィンドウ】を選択し表示させます。効果音を入れたいアニメーション上で右クリックして【効果のオプション】を選択します。

②左画面のようなウィンドウが表示されます。サウンドのドロップリストからアニメーションと同時に流す効果音を選択します。

2-11

動画アップの失敗を防ぐ
動画ファイルを書き出す方法

PowerPoint で動画の元となるスライドが完成したら動画ファイルにして保存します。動画のファイル形式は「mp4」です。この形式で書き出しをしないとYouTube などの SNS にアップすることができません。PowerPoint で作った後には必ず動画ファイルを書き出すようにしましょう。

ファイルタブからエクスポートを選択する

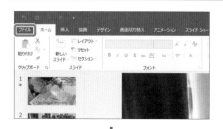

①上部のタブから【ファイル】を選択します。

②左の画面になったら【エクスポート】→【ビデオの作成】を選択します。

③左枠内から画質を選択します。ファイルサイズの数字が大きければ大きいほど高画質になりますが、ファイルサイズが重くなるので通常は HD かフル HD を選択します。

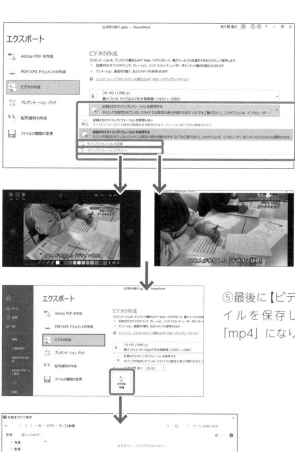

④【記録されたタイミングとナレーションを使用する】を選択すると動画として出力されます。記録をやり直しすることや記録のプレビューを確認することができます。

プレビューを見てから動画の書き出しに移るようにしましょう。

⑤最後に【ビデオの作成】を選択してファイルを保存します。動画ファイルは「mp4」になります。

TIPS 録画しないで動画を作る方法

> 記録されたタイミングとナレーションを使用しない
> すべてのスライドで以下の既定の時間設定が使用されます。ナレーションはビデオから削除されます。
>
> 各スライドの所要時間 (秒): 05.00

録画をしていなくても「記録されたタイミングとナレーションを使用しない」でスライドを表示する時間を選択すれば動画を作ることができます。写真のスライドショーなど簡単なものはこのツールで作ることもできます。

動きのあるスライド作り①
アニメーションの目的を考える

PowerPoint のスライドだけでは単調になってしまいます。文字に動きをつけるアニメーション効果を上手に活用すると、自治体動画にありがちな変化のない動画から脱却することができます。アニメーションの種類を知ることで内容によって使い分けができるようになります。

アニメーションを活用して情報を分かりやすく伝える

文字が多く表示されているスライドをただ読み上げる動画だと飽きてしまいがちです。そこでアニメーション効果を入れることで変化をつけます。さらにアニメーションを上手に活用すると情報を分かりやすく伝えることにも繋がります。
以下のような動画を作るときにアニメーションを加えることをおすすめします。

CHECK!

✔ **時系列で解説する動画**
✔ **文字ばかりで動きのない動画**
✔ **クイズや穴埋め問題の動画**
✔ **グラフの伸び率を紹介する動画**

アニメーション効果を表示する

アニメーション効果をつけるために【アニメーション】タブを選択します。すると下記の画像のようにアニメーションウィンドウが開きます。ここからアニメーションを選択して文字や画像に効果を付けていきます。

※バーの下部の矢印をクリックすると右のようなウィンドウが表示され全てのアニメーションを確認できます。

アニメーション効果の種類

開始

何もないところから文字や画像を様々な効果と共に表示させます。この「開始」を使うことが基本となります。

強調

すでに表示させている文字を大きくしたり点滅させたりして強調させることができます。細かく設定する手間がある割に効果が薄いのであまり使いません。

終了

すでに表示されているものを消すときに使う効果です。図形を被せて文字を隠しておいてめくるなど、クイズなどで活用できます。

アニメーションの軌跡

ほぼ使いません。スルーで OK です。

TIPS 実はまだある！ 使えるアニメーション効果

標準で表示されるのは上記のものですが、実はもっと有効な効果がウィンドウの下に潜んでいます。次の項では「その他の効果」から選択した効果もご紹介します。

★ その他の開始効果(E)...

★ その他の強調効果(M)...

★ その他の終了効果(X)...

☆ その他のアニメーションの軌跡効果(P)...

OLE アクションの動作(O)...

動きのあるスライド作り②
代表的なアニメーションの種類

ここでは著者のおすすめ効果をご紹介します。あれもこれもとアニメーション効果を使ってしまうと品や落ち着きがなくなるので、自治体が作る動画としてはアクセント程度に活用するのが丁度良いでしょう。

アニメーションウィンドウの説明

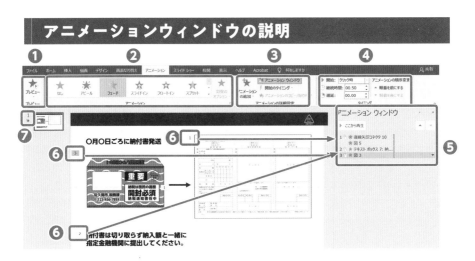

まずは、アニメーションに関するボタンについて、それぞれの役割を説明します。
❶アニメーション効果の動きを確認できる
❷アニメーション効果を選択できる
❸アニメーションウィンドウ（❺）を表示し、アニメーションの追加などができる
❹アニメーション効果の開始のタイミングを選択できる。基本は「クリック時」を選択する。効果の時間もここで調整できる（アニメーションは短め（0.5秒程度）にするのがポイント）
❺アニメーション効果の順番を入れ替えるなどできる
❻番号が❺と連動しているのでどの順番かを確認できる
❼アニメーション効果がスライドにある場合マークが表示される。

1つひとつ浮き出す「フェード」

何もないところから文字をゆっくりと表示させる「フェード」は、時系列の箇条書きなど1つひとつ説明したいときに活用します。

①表示させる文字を表示させる順番に選択して、フェードの効果をつけていきます。

②1つずつ効果を入れたらアニメーションウィンドウで順序を確認します。次にプレビューで効果と順番が正しいかチェックします。

意外な動きをする「フロート」

【その他の開始効果】内にある「フロート」には、横から表示させるアニメーション効果があります。かっこいい紹介にしたいときに有効です。

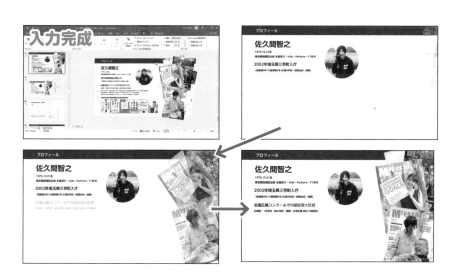

「ライズアップ」＆ くるくる動く「スピナー」

【その他の開始効果】から「ライズアップ」と「スピナー」を活用します。ライズアップで下から人物を登場させ、スピナーで吹き出しを回転させながら表示させます。

グラフでよく活用する「ワイプ」

棒グラフなどは下から上に図形を上げる効果「ワイプ」が使えます。長方形の図形を配置・選択して「ワイプ」を選び、【効果のオプション】で【下から上】を選択しましょう。

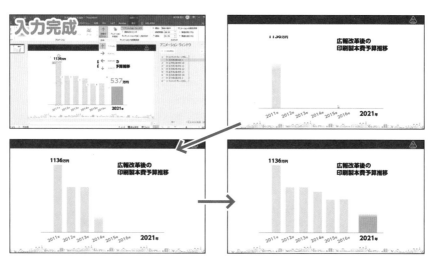

クイズ形式① 隠してめくる「ブーメラン」

クイズなどで答えを隠してめくるとき、フェードなどでもめくる効果を得られますが、「ブーメラン」を使うと少し派手なめくり方になります。

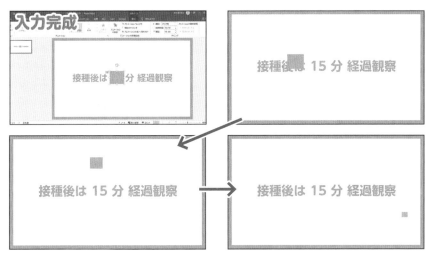

クイズ形式② 「フェード」＆「クリア」

正解以外の選択肢を「クリア」の効果で消し、続いてあらかじめ作っておいた正解の枠を「フェード」で表示させる方法でクイズを演出することができます。

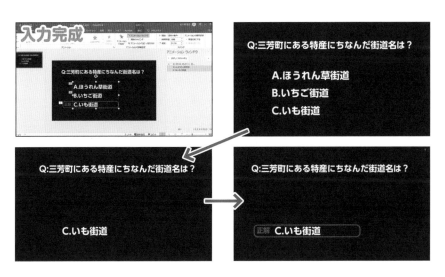

71

時間&手間短縮！
スライド作りの効果的なショートカット

筆者の一押しの効果が「画面切り替え」から「変形」を使う演出です。文字や画像がとてもスムーズに動くので、非常に目を惹く動画を作ることができます。広報などが持っている動画編集ソフトがなくても質の高い自治体動画を作るために外せないテクニックなのでぜひ覚えておきましょう。

自然に拡大縮小する「変形」

スライドを変えたときに文字や画像を拡大縮小させるために、【画像の切り替え】タブの【変形】を使うと動画編集ソフトと遜色ない演出をすることができます。

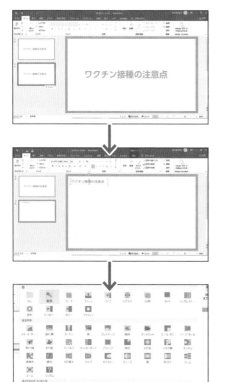

①変化をつけたい文字や画像があるスライドを複製します。

②次に変化をつけたい文字や画像のサイズ・位置などを変えます。今回は文字を自然に小さくしていく効果をつけながら位置を左上に配置する動きを作ります。

③変化させるスライドを選択して【画像切り替え】タブ内リストから【変形】を選択します。仕上げに効果の時間を変えてタイミングを調整しましょう。

スライドショーを見て確認する

今回は3つのスライドを基にワクチン接種の注意点の解説動画を作成しました。文字と画像を【画面切り替え】の【変形】を活用して演出しています。

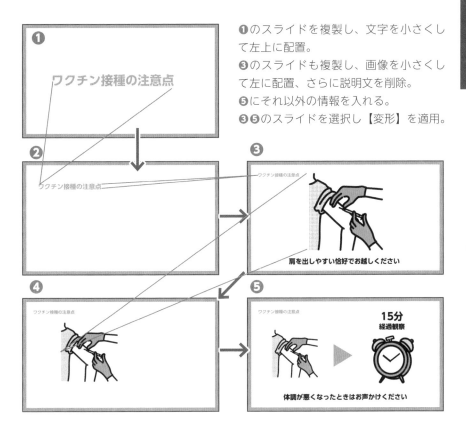

❶のスライドを複製し、文字を小さくして左上に配置。
❸のスライドも複製し、画像を小さくして左に配置、さらに説明文を削除。
❺にそれ以外の情報を入れる。
❸❺のスライドを選択し【変形】を適用。

TIPS 画像の切り替え時には音が途切れる

既に述べましたが、画面の切り替え時には音が切れてしまうため、ナレーションを入れたり解説をしたりするときに注意が必要です。スライドごとに一度話を終わらせて、スライドを跨いで話さないようにしましょう。

効率的にスライドを作る
おすすめショートカットキー

字幕を作るときに文字のサイズを変えたりコピーすることは少なくありません。窓口業務など通常の仕事もあるなかで効率的にスライドを作るためには、1秒でも早く作業をする必要があります。動画作成のみならず普段の業務でも活用できるおススメのショートカットキーをご紹介します。

その1 文字の大きさを変えるショートカットキー

文字のサイズをキーボードだけで変えるには「Ctrl+Shift」を押しながら「>」か「<」を押します。PowerPointだけでなく他のOfficeでも活用できます。

サイズを大きくする	サイズを小さくする

「Ctrl+Shift」+「>」	「Ctrl+Shift」+「<」

その2 コピペを「Ctrl」とマウスで行う

「Ctrl+C」でコピーをして「Ctrl+V」で貼り付けのショートカットよりも早くコピペをする方法です。マウスでテキストボックスを選択し「Ctrl」キーを押しながらマウスをドラッグするだけでコピペができるので字幕の輪郭づくりなどの効率が格段にあがります。

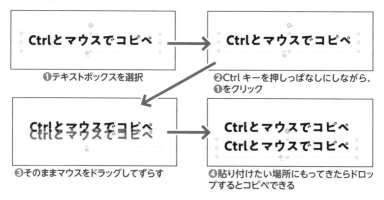

❶テキストボックスを選択

❷Ctrlキーを押しっぱなしにしながら、❶をクリック

❸そのままマウスをドラッグしてずらす

❹貼り付けたい場所にもってきたらドロップするとコピペできる

→ 超おススメ！スクショを範囲指定する方法

表示されているPC上の画面を画像化する「スクリーンショット（以下スクショ）」。「Prt Sc」スクショが撮れることは広く知られています。例えば、引継ぎ資料や内部のマニュアルなどに作業工程を載せるときに活用する自治体職員は多いのではないでしょうか。しかしスクショして、ペイントアプリを起動して貼り付けて、該当部分だけ切り取ってから貼り付ける作業は大変ですよね。実はもっと効率的な方法があります。

「Windowsロゴ +Shift+ S」

「Windowsロゴ +Shift+ S」を同時に押すと、スクショ撮影時に範囲を指定し、スクショをそのまま貼り付けることができるため、いちいちペイントを起動する必要がなくなります。

❶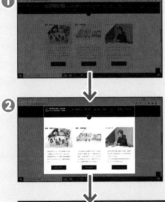

① Windows+Shift+ S を押すと❶ののような画面になります。

❷

②撮りたいスクショの範囲を選択します。

❸

③あとは Ctrl+ Vで貼り付けるだけです。ペイントアプリを立ち上げる必要はありません。

[**2章** のまとめ&チェック]

- ✅ PowerPointで作れる内容か

- ✅ 見やすく読みやすい字幕になっているか

- ✅ 分かりやすい内容にまとまっているか

- ✅ 見ていて飽きないか

- ✅ 本当に動画にする必要があるのか

- ✅ 退屈な動画になっていないか

- ✅ アニメーションを活用しているか

- ✅ 画面切り替えの「変形」が使えるか

- ✅ 便利なショートカットを活用しているか

 ワンポイントアドバイス

PowerPointは高確率で各自治体の職員のPCに導入されていますが、バージョンが古いものであることもあります。どこまで各課で動画を作ることができるか、各課のPC環境を必ず確認するようにしましょう。個人とは異なり、自治体は一度動画を作り始めたら後に引くことができません。自分たちの首を絞めることにならないように注意してください。

3章

[中級編]

スマホ1台で
動画作り

コスト面のメリットだらけ！
スマホで動画を作るポイント

公務員にとって動画を撮影する、編集するというのは敷居が高いイメージがありますが、普段使い慣れているスマホを使って撮影・編集ができるとしたら苦手意識も克服できますよね。まずはスマホならではのメリットを押さえておきましょう。

手間がかからない

スマホがあれば撮影から編集が全てできるほか、場所を選ばずに作業することができます。一眼レフなどで本格的な撮影をし、本格的な編集ソフトを使って PC で動画編集をする手間に比べるとそれほど手間がかかりません。

スマホ 撮影→編集→書き出し→配信
一般 撮影→ PC にデータを移動→編集→書き出し→配信

コストも重さもコンパクト

カメラ付きのスマホがあれば本格的な動画を撮影するために一から高額な機材を揃える必要がなく、動画の撮影から編集まで気軽にできます。一方で背景のぼかしを活かした映像や細かい編集などスマホではできないこともあるので、動画の内容によって使い分けが必要です。

手軽に高画質の撮影ができる

一眼レフカメラなどに比べ軽量でコンパクトであるため、気軽に持ち運んで撮影することができます。また最近のスマホは 4K で録画できるので画質も非常に綺麗です。色の編集をすることもできるので、鮮やかで印象的な動画もスマホ 1 台で作ることができます。

出所：iPhone

写真の撮影

スマホでも十分綺麗な写真を撮影することができます。多少失敗しても写真の加工ができるので安心です。

出所：同上

動画の撮影

普段使っているスマホだから悩まず動画の撮影ができるのは非常に大きなメリットです。

TIPS　スマホで動画を作るのに適しているもの

細かな動画編集は苦手ですが、スマートフォンはまちの風景をスライドショーにしたり、散策風景を映したりと映像がメインの観光プロモーション動画を作るのに適しています。

CHECK!

✔ **風景写真をスライドショーにした動画**
✔ **簡単なイベントレポート動画**
✔ **俯瞰で手元を撮影する動画**
✔ **スマホの画面録画**

× 字幕・演出・BGM といった編集や長時間の動画は苦手

あったら便利な機材&ソフトはこれ！
スマホ動画作りの材料

スマホで動画を作るには、スマホ本体はもちろん編集アプリも必要です。また、スマホだけで動画の撮影から編集までできますが、ぜひ手ブレを防ぐ三脚やジンバル、明るさを調整するコンパクトライト、音声をクリアに録るマイクなどを用意し、ワンランク上の動画を作りましょう。

カメラ付きスマートフォン

カメラ付きスマホの中でも、3つレンズがついているものはより高画質・広角で撮影することができるので便利です。自治体でスマホが支給されず個人のスマホを使わざるを得ない場合もあるかもしれません。しっかり予算を付けるか個人で使うためのルールを作ることが重要です。

動画編集アプリ（無料）

iMovie

Apple の動画編集アプリ。iPhone で使うことができます。直感的に様々な編集や加工ができます。

Quik

Gopro の動画編集アプリ。Android でも iPhone でも使うことができます。iMovie と同じく直感的に操作でき、また、縦の動画を作ることができるので、TikTok や Instagram のストーリーなどの SNS にアップするのに便利です。

Clips

スマホで録画した動画にかわいいスタンプや字幕を入れるなどの編集が気軽にできます。SNS にすぐに上げたいときにおすすめです。

三脚＆俯瞰撮影用のスマホスタンド

手ブレを防ぐためにインタビューの撮影時などには三脚を使います。また手元の操作を固定で撮影する用のスマホ用の器具があると、申請書の記入例などを動画で説明するときに役に立ちます。

コンパクトライト

映像を撮影するときはライトがないと暗くなりがちです。そこでコンパクトライトを使うことで適度に明るくすることができます。ポケットにも入るコンパクトさでしっかりとした光量があるので非常に便利です。

マイク＆ジンバル

インタビューの際、スマホ内蔵のマイクだけだと周囲の雑音まで拾ってしまいます。インタビュー時には別途マイクが必須です。手ブレを最大限抑えることができる「ジンバル」があると撮影できる映像の幅が広がるので、余力があれば用意すると良いでしょう。

4つのステップでスマホ動画は完成する！
スマホで動画を作る流れ

スマホのメリットは気軽に撮影・編集ができることです。自治体職員は人員が限られているため、自治体によっては1人で全てをこなさなければならないこともあります。そこで効率的に動画を作ることが非常に重要なポイントになるので、そのためにまずスマホでの動画作成全体の流れを確認してみましょう。

①内容を考えて必要なものを洗い出す（企画）

スマホで動画を作り始める前に、まず撮影をしなければなりません。そこでどんなコンセプトか、狙いは何かを考え、それに必要なシーン（人物・風景）や撮影に必要な機材は何かを考えます。例えば写真だけで風景動画を作ることもあれば、イベントの様子をレポートしている動画を作ることもあるでしょう。目的によってやることが異なるので、しっかり企画を立てます。

Check!

- ✔ コンセプト・狙いを考える
- ✔ どんなシーンが必要か考える
- ✔ シーンに必要な人物・風景を考える
- ✔ 必要な機材を考える

②写真・動画を撮影

動画の素材となる写真や映像をスマホで撮影します。スマホで写真や動画を撮影する際の構図やシーンの押さえどころを理解しておくと住民が理解しやすく印象に残る動画を作ることができます。くわしくは、3-5以降を参照してください。

③スマホ動画アプリで編集

iMovie

Quik

撮影した写真や動画を使ってスマホ上で編集を行います。複雑な編集はできませんが、簡易な動画であればスマホで十分作ることができます。
字幕やBGM、合成など様々な処理を行います。

▶操作の好みや用途によってアプリも使い分ける

④書き出して動画ファイルを保存する（iMovie）

編集が終了したら動画ファイルを書き出します。スマホで完結するのではなく簡易な動画をスマホで作り、その動画をPowerPointのスライドに挿入してより細かな編集をするという合わせ技も可能です。

写真&動画撮影前に知っておくと便利な機能
グリッド表示できれいに撮る

スマホで撮影を始める前に設定を確認することが大事です。特に心に残る写真を撮影しシティープロモーションや観光振興などに寄与するためには、グリッド（格子線）の表示設定が重要なポイントになります。

グリッドを表示させる

グリッドを表示させることで構図のバランスを綺麗にとることができます。グリッドが表示されてない人は必ず表示するように設定しましょう。

画像：iPhone

TIPS　意外と忘れがちな「縦と横」に注意！

スマホで撮影するときについつい縦撮りにしてしまうことがありますが、テレビや YouTube の縦横比は 16：9（横向き）が一般的です。一方で TikTok や Instagram のストーリーズは縦撮りの動画が主流です。どの媒体で動画を公開するのかもしっかり考えて撮影するようにしましょう。

グリッドを表示させる方法 (iPhone)

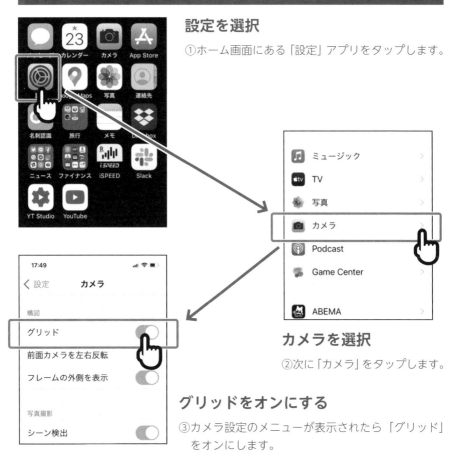

設定を選択

①ホーム画面にある「設定」アプリをタップします。

カメラを選択

②次に「カメラ」をタップします。

グリッドをオンにする

③カメラ設定のメニューが表示されたら「グリッド」をオンにします。

TIPS 4K？HD？fps?

「ビデオ撮影」の設定もしておきましょう。iPhoneの画像を例に説明しますが、4Kや〜p HDは解像度を示し、4Kは最高の画質、次に1080p HDと数値が低くなるにつれ画質が落ちます。また、fpsはフレームレートで1秒間に何枚画像があるかを示し、数値が高い方がスムーズな映像になります。一方で解像度・fpsの数値が高いものは容量も大きくなるので注意が必要です。

‹ カメラ	ビデオ撮影
720p HD/30 fps	
1080p HD/30 fps	
1080p HD/60 fps	
4K/24 fps	
4K/30 fps	✓
4K/60 fps	

プロみたいな写真を撮るコツ①
3分割法&3つの心得

映像ではなく写真をつなげて、スライドショー動画を作ることもできます。そこで、印象に残る写真を撮影する方法を解説します。誰でもすぐにワンランク上の撮影ができるポイントがあるので押さえておきましょう。

三分割法

写真を撮影する上で必ず押さえておきたいテクニックに「三分割法」があります。下記の2点を意識するだけで目を惹く写真を撮ることができます。

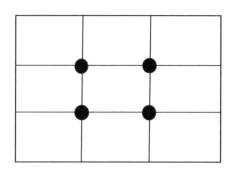

CHECK!

✓ **グリッド線が交わるところに被写体を配置**

✓ **1/3はメイン・2/3は余白**

余白があると写真に余韻が生まれ、印象的なものになります。

①線が交わるところに配置

②下1/3にメイン

②右1/3にメイン

3つの心得 「寄る」「離れる」「指す・持つ」

自治体で行ったモノづくり系のイベントなどをスライド動画でレポートするときは、「寄る」「離れる」「（成果物を）指す・持つ」の3つを押さえると時系列で雰囲気が伝わります。

寄って手元を撮る

①作業をしている所を撮影します。とにかく寄ることを意識します。プライバシーの観点から、本人または保護者に撮影の許可をもらってから撮影しましょう。

離れて全体像を写す

②少し離れて全体が分かるような構図で撮影します。後ろ姿でも問題ありません。

成果物を指してもらう

③イベントの楽しさを伝えるために、成果物ができたら住民に指してもらったり、持ってもらったりして「この人が作ったもの」だということを伝えます。野菜の収穫などの場合は「とったどー」のように持ち上げてもらうのも良いでしょう。

TIPS　トリミングを活用する

①について、寄らずに撮ってあとでトリミングをして手元のアップ写真を作る方法があります。表情と手元を別々に撮影できなかった場合は、下画像のようにトリミングをして2つに分ける方法もあります。

プロみたいな写真を撮るコツ②
印象を変える編集の種類

写真を確認したとき、暗かったり色味がおかしかったりして「失敗したな」と思ったことはありませんか？ しかし、ご安心ください。スマホでも写真の編集から細かくレタッチ処理（色味を変えたり印象を変えたりすること）ができるのでリカバリーできます。

写真の編集をする（iPhone）

スマホの写真編集の機能を使うことで、写真の印象をガラリと変えることができます。各種設定でどのような変化が起こるのかを解説します。特に「彩度」と「自然な彩度」の違いは知らない人も多いので、ここでしっかり理解しておきましょう。ここでは主にスライダーを＋（右）方向に動かしたときの効果をご紹介します。

露出
全体を明るくする

ブリリアンス
明るさを**均一化する**

ハイライト
明るいところを明るくする

シャドウ
暗いところを調整する

コントラスト
明暗を調整する

明るさ
中間の明るさを明るくする

ブラックポイント
影の濃さを調整する

彩度
全体の鮮やかさを調整する

自然な彩度
くすんだ色を鮮やかにする

暖かみ
←青み　　　　　赤み→

色合い
←緑　　　　　　紫→

シャープネス
輪郭や境界線を強調する

精細度
輪郭をはっきりさせる

ノイズ除去
ざらつきを滑らかにする

ビネット
周辺光量を強調する

ビフォー

アフター

プロみたいな動画を撮るコツ①
動画撮影でのあるある落とし穴

自治体主催のイベントの撮影や住民へのインタビューの撮影をした後、編集の際に「余計なものが映り込んでいた」「手ブレが酷い」などとなってしまったら、せっかく撮ったものが無駄になってしまいます。動画撮影の注意点を理解しておきましょう。

余計なものが映っていないか注意する

後で撮り直しがないように、余計なものが映らないか撮影前にチェックします。また34ページで説明したように、肖像権や著作権などに注意することが必要です。飲料水などはラベルを剥がすなどしましょう。

Check!

✓ 影：上から俯瞰で撮影したときに自分の影が映っていないか

✓ 照明：白とびしていないか。明るすぎていないか

✓ ゴミ：料理の撮影の際、ストローの包み紙などが映っていないか

✓ 個人情報：PCモニターや付箋、机の上などに情報が映っていないか

✓ 商品ラベル：ペットボトルなど特定の商品が映り込んでいないか

明るさが適切か注意する

逆光になると映像が暗くなり、人物の表情が捉えられないことがあります。そのようなときは、直接ライトで人物に光を当てなくても「露出」で明るさを調整することができるので、表情がしっかりとわかるように明るくしましょう。

逆光気味で少し暗い

露出を上げて明るく

録画ボタンを押すときの注意点

手持ち撮影の場合は、脇が空くと手ブレしやすくなるのでしっかりと脇を締めます。また「3・2・1」と言ってから録画をする人がいますが、録画のタイムラグで記録が欠けてしまう可能性があります。録画のカウントダウンを始めると同時に録画を開始するようにし、録画終わりにも数秒余裕をもって録画を終了するようにします。

「3・2・1」と言ってから
録画ボタンを押す

録画ボタンを押してから
「3・2・1」と言う

ズーム機能は使わずに自分が動く

スマホにもズーム機能がありますが、ズームをするとその分手ブレが起こりやすく、画質も落ちてしまいます。よほどのことがない限りは自分が動いて近づくかスマホを被写体に近づけるなどして、ズーム機能は極力使わないようにしましょう。

6倍ズーム
画質が落ち手ブレしやすい

ズームなし
画質も良くぶれない

TIPS 手ブレを防ぐ「ジンバル」

手ブレを防ぎスムーズな映像を撮影できるツールが「ジンバル」です。揺れや傾きを自動的に補正してくれるのでとても便利です。工夫次第で非日常的な映像も撮影でき、観光・プロモーション動画を作るときに必須とも言えるアイテムです。価格は安いものでは1万円を切るものもあります。

3-8
中級編

プロみたいな動画を撮るコツ②
雰囲気を伝える3つのポイント

本格的な撮影機材がなくても、スマホで自治体主催のイベントの様子や簡単なお店の紹介などの映像を撮影できます。「3つの視点」を忘れずに撮影すると、事業内容を動画で分かりやすく伝えることができます。

雰囲気を伝える3つの視点

活用できるケース：イベント・講習会

見渡す

①イベントや講習会の雰囲気を見渡すように全体的に撮影します。次項で解説する「ティルト」「パン」で全体像が把握できるように撮影しましょう。

寄る

②今度は寄ってイベント参加者や講聴者、登壇者の表情や雰囲気を捉えます。全体を撮るのでなく対象を1人に絞るようにします。

手元

③講義中にメモをしているところや作業をしている手元を撮影します。登壇者が投影しながら説明しているときはその映像を、参加者の手元に資料があれば手元を撮影します。

活用できるケース：店舗紹介・ふるさと納税のお店紹介

外観・内観

①お店全体の外観が分かるように撮影します。ワンカットで入らない場合は「ティルト」「パン」で撮影し、雰囲気を伝えます。お店に入ったら内部の雰囲気も忘れずに撮影しましょう。

看板

②お店の名前が分かる「看板」を撮影します。そうすると、視聴者にまるで自分がお店に行って「さあ入ろう」としているようなイメージを湧かせることができます。

商品

③お店の中で商品（料理など）を撮影します。商品をアップで撮影する前に、お店の人が料理を持ってくる様子なども撮影しておくとより雰囲気が伝わります。

TIPS 食べ物系は「すくう」シーンを撮影

食べ物を撮影するときに撮影しておくと良いのが料理を「すくっている」ところです。テレビの食レポでよく見かけるシーンで鉄板です。また食べ物系は明るめに撮影すると美味しそうに見えるので、そこも押さえておきましょう。

プロみたいな動画を撮るコツ③
上下左右の動かし方

大きな建物や横に長い桜並木などを撮影するときに、1カットだけだと全体像が分かりにくいですよね。そんなときに上下左右にレンズを振る「ティルト」と「パン」で撮影する方法があります。ニュースなどで建物を映すときによく使われる方法で、特に冒頭部分でよく使われます。

ティルト：上下（垂直）の動き

1カットでは映り切らない建物をスマホを上下に振って伝えます。「ここで何かイベントを行った」と印象付けるための方法としても活用できます。

建物の上を映して録画開始

①③の終了の位置を確認してから、そのまま上にレンズを向けます。建物の頂点や屋上が映る位置に照準を合わせて録画を開始し、3秒程度待ちます。

おろしていく

②ゆっくりとレンズをおろしていきます。手持ちの場合は手ブレが起きないようにしっかり脇を締めます。

建物が分かる看板等で止める

③その建物が何かが分かるところで止め、心の中で3秒カウントしてから録画を止めます。

パン：左右（水平）の動き

横に広がりがある風景などを撮影するとき、自分の足は正面に向けてスマホを固定して体を左右に動かします。動画の編集時に方向が重要になるときがあるので、左右2パターン撮影しておくことをおすすめします。

端を決める

①まず中心となる場所②を決め次に開始点を決めます。この映像の場合は向かって左端の桜が映るようにセットしました。位置が決まったら録画を開始し、3秒程度経ってから体を横にひねってスマホを動かします。

中間地点

②中間地点を通り、さらにそのままぶれないように体を横にひねっていきます。

終点まで来たら固定して停止

③終点が画面の端に来たら、体をひねるのは止め、心の中で3秒数えてから録画の停止ボタンを押して終了です。

TIPS　ティルトとパンはゆっくりと流して撮る

固定でなく流れていく映像は、その動きが早いと目が追いつかずに気分が悪くなったり酔ってしまったりすることもあります。ティルトとパンを撮影するときにはゆっくりとスマホを動かすように注意しましょう。三脚やジンバルがない場合は、脇を締めて手ブレしないように心がけます。

申請書の記入例などを動画で説明
固定して俯瞰で撮影する

スマホは軽くてコンパクトなため、一眼レフカメラなどと比べて簡単に俯瞰で撮影することができます。俯瞰の活用方法として一般的に料理の調理手順などを動画で伝えるケースが多くありますが、自治体では申請書の記入の流れや離乳食を作るための手順の解説動画など様々なシーンで活用することができます。

俯瞰撮影のために用意するもの

俯瞰で撮影するとき、どうしても影ができたり暗くなってしまったりすることがありますがコンパクトライトがあれば解消することができます。録画するスマホとは別のスマホを用意し、ライト機能を活用して光を当てるのでも問題ありません。また、俯瞰で撮影するためにはスマホを固定する台が必要です。市販で安価なものがあるので事前に用意することをおススメします。

コンパクトライト　　　　　　　　俯瞰撮影用の台

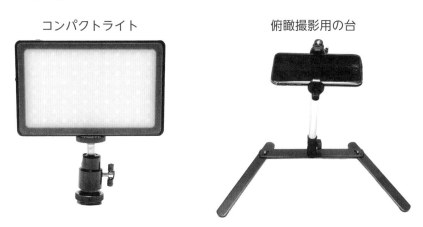

TIPS　光が強すぎるときは

スマホのライトや一部のコンパクトライトでは、光の量を調整することができず直射になり、明るすぎたり影が強く出てしまったりすることがあります。その場合は光源にティッシュなどの白い薄紙を巻くなどすると柔らかい光になります。一度やってみて効果を実感してください。

俯瞰で撮影① 組み立てて光のバランスを調整する

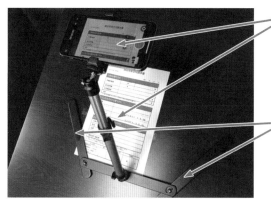

録画する被写体の明るさが適切か確認します。暗すぎたり明るすぎたり、影や照明が映り込んだりしていないかスマホの画面でチェックします。

スマホの重さで固定する台が前に倒れてしまう場合もあるので、状況に応じ、左右の足の上に重りを乗せるなどの対応も必要です。

俯瞰で撮影② 距離を決めてピントを合わせる

どこまで一画面で映すのかを決めてから録画します。一画面に入る情報が限られてしまうので、編集で繋げるのか、一発撮りで全て撮影するのかも考えるようにしましょう。何度かテストをしてから撮影に挑みます。録画をしたあとに必ず再生して「明るさ」「ピント」に問題がないかを確認するようにしましょう。

記入例の動画を撮影するときの注意点はしっかり固定をすることです。しっかり固定されていればズームをしてもブレません。逆にこれを怠るとスマホが動いてしまい、映像が乱れてしまいます。

角度によってイメージが変わる？
インタビュー動画の撮影方法

インタビューの映像では目線やカメラの位置、光の加減で印象が変わります。
それぞれのポイントを押さえておくと、意図して印象的な表情を切り取ること
ができます。

語る相手によって目線を使い分ける

インタビュー時にまず確認するのは「誰に」伝える内容なのかです。それによって
目線を決めます。下記の 2 つのパターンがオーソドックスな形なので、押さえてお
きましょう。

動画を見ている人に語りかける	インタビュアーに語りかける

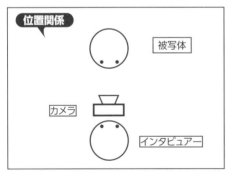 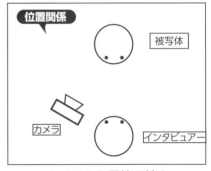

正面を向いてカメラ目線	カメラから目線を外す
メッセージを伝えたいときや解説はカメラ目線にします。	**臨場感を伝えたいときや想いを語るとき**はカメラから目線を外して撮影します。

インタビュー時のカメラの高さに注意

カメラの高さで同じ顔でも与える印象が変わります。基本はカメラは「目線の高さ」に三脚などで固定して撮影するようにします。

下から

○迫力がある
×あごが目立ち太って見える

目線の高さ

○収まりが良い

上から

○幼く見えて小顔の効果
×頭が大きく見える

暗いときはライトを当てる

室内で撮影するときはどうしても暗くなりがちです。スマホの内蔵ライトだけで均等に光を当てるのは難しいので、コンパクトライトなどを活用して綺麗に映しましょう。

ライトなし

内蔵ライト

コンパクトライト

光を当てる角度に気を付ける

人物に光を当てるときは原則は斜め上から当てます。正面に光を当てると、のっぺりしてしまうので注意が必要です。真横から光を当てて陰影をくっきりさせる「レンブラント」という撮影方法があります（左写真）。シリアスなシーンなどで活用できます。

TIPS 太陽光&マイクを使おう

室内でライトがないときは太陽光を活用します。被写体が窓を背にすると逆光になるので、撮影者が窓に背を向ける位置で撮影しましょう。また、マイクを使ってクリアな声を拾うようにします。内蔵マイクだと雑音が入ってしまうのでインタビューのときは外付けのマイクを使い、撮り直しをせずに済むようにしましょう。

3-12

中級編

アプリの操作方法を動画で解説

スマホ操作を録画する方法

LINE の友だち追加の方法や音声付き多言語書籍アプリの紹介など動きや音があった方が分かりやすいものの説明には動画が向いています。実はスマホの操作を録画することができるので、これを活用することでチラシを作らずに操作手順やアプリのデモなどを簡単に発信することができます。

アプリの操作説明などで活用

画像：iPhone12

自治体では子育てアプリや LINE を使ったサービス、音声付きの電子書籍などを提供していますが、導入方法や操作説明を伝えるチラシやパンフレットを作るのは大変です。スマホの操作を動画にしてしまえば、簡単に作れて伝わりやすいものになります。次のようなシーンで活用できます。

CHECK!

☑ **新しいアプリの使い方**
☑ **アプリの導入手順**
☑ **アプリの実演**
☑ **音声が出る電子書籍の操作説明**

TIPS　android の場合

android11 から画面録画機能「スクリーンレコード」が標準搭載されました。クイック設定パネルにスクリーンレコードを追加する手順で iPhone と同じように画面録画をすることができます。

スマホ画面を録画する手順（iPhone）

初期設定では画面収録ボタンがないので、まずはコントロールセンターに表示させるための設定をします。設定から表示させるようにしたら録画ボタンを押すだけです。録画されたものは通常撮影された写真が保存される「写真」に格納されます。

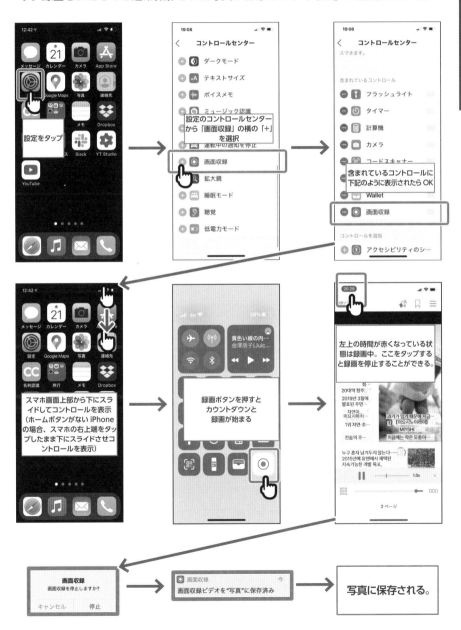

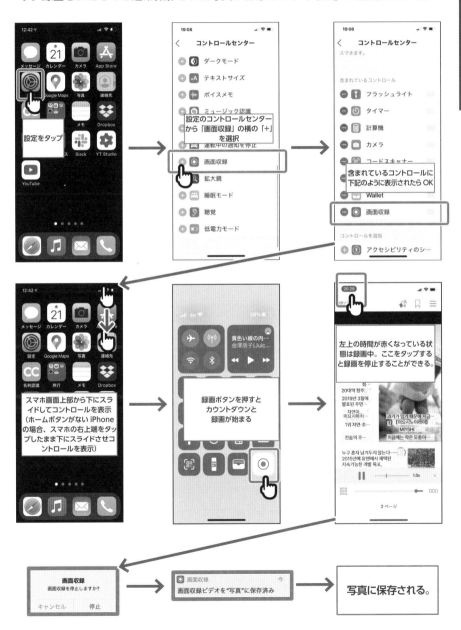 の中のテキスト：

設定をタップ

設定のコントロールセンターから「画面収録」の横の「+」を選択

含まれているコントロールに下記のように表示されたらOK

スマホ画面上部から下にスライドしてコントロールを表示（ホームボタンがない iPhone の場合、スマホの右上端をタップしたまま下にスライドさせてコントロールを表示）

録画ボタンを押すとカウントダウンと録画が始まる

左上の時間が赤くなっている状態は録画中。ここをタップすると録画を停止することができる。

画面収録
画面収録を停止しますか？
キャンセル　　停止

画面収録
画面収録ビデオを"写真"に保存済み

写真に保存される。

 の外のテキスト：

PC を立ち上げずに動画を作る！
スマホで動画を編集する方法

簡単な写真を使ったスライドショー動画や自治体主催のイベントや研修会の様子を撮影した映像を繋いだ動画がスマホでも簡単に作ることができます。ここでは iPhone で無償で使える iMovie の操作方法をご紹介しますが、基本的な操作はどのアプリも共通しているので踏襲できます。

iMovie の使い方と必要なもの（iPhone）

iMovie は iPhone を使用していれば無償で使用できる動画編集アプリです。複雑な動画は作れませんが、簡易なものであれば自動でサクっと作ってくれるので非常に便利です。動画編集をするために必要なものは以下の通りです。

CHECK!
✓ iPhone 本体
✓ 編集する動画・写真
✓ 作業する時間

※動画ファイルを役所の PC から YouTube にアップする場合は、あらかじめ役所の PC が動画データを保存できる環境か確認しておくようにしましょう。

画像：iPhone12

TIPS iPhone ではないスマホの場合

iPhone ではないスマホの場合、おススメの動画編集アプリは「Quik」です。基本的にどの動画編集アプリでも動画の長さを変える、画面の切り替わりに効果を入れる、BGM を入れる、字幕を入れるといったできる作業や操作は変わりません。

新規プロジェクトからムービーを作成（iMovie）

アプリを起動するとプロジェクトが開きます。＋をタップして新規プロジェクトを作成します。すると写真や動画を選ぶ画面になるので使用する動画・写真を選択します。

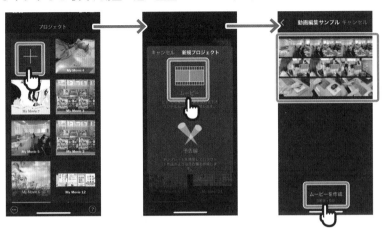

動画の長さを変える（iMovie）

自動的に動画が作成されます。不要なシーンがあった場合はドラッグするとカットすることができます。また、シーンを入れ替えるときは長押ししてドラッグさせます。

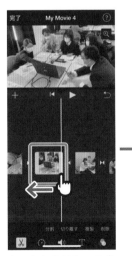

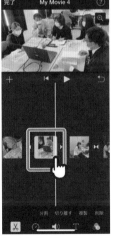

カットしたいシーンをタップして黄色い枠を表示→ドラッグして長さを決定します。

縮めた分だけ動画の長さがカットされます。

困ったら右上のヘルプを活用しましょう。

3-14
中級編

トランジション効果で見やすい動画に
シーンとシーンを繋ぐ方法

動画と動画のつなぎ目で徐々に映像が重なっていくシーンを、テレビなどで見たことはありませんか？　このつなぎ目を印象的なものにする効果をトランジション効果といいます。スマホでも使えるテクニックなのでぜひ覚えておきましょう。

シーンが変わるときに付ける効果（iMovie）

一般的な編集ソフトだと「フェード」、iMovie だと「ディゾルブ」と呼ばれるものが一般的に使われる効果です。

シーンの切り替えに効果を入れる

徐々にシーンが変化する

スライドショー等の動画で使用する効果（iMovie）

スライドショーやあまり動きがない動画は、切り替わりに効果を入れると、変化が出て飽きにくくなります。

ワンカット 3 秒以内にする

スライドショーを作る場合は、ワンカット 3 秒程度にします。同じ映像を 3 秒以上流すと飽きさせてしまうためです。

トランジション効果の付け方（iMovie）

編集画面からシーンの間にあるマークをタップすると下に効果の一覧が表示されるので、使いたい効果を選択します。効果の時間や効果時に音を出す設定もできます。

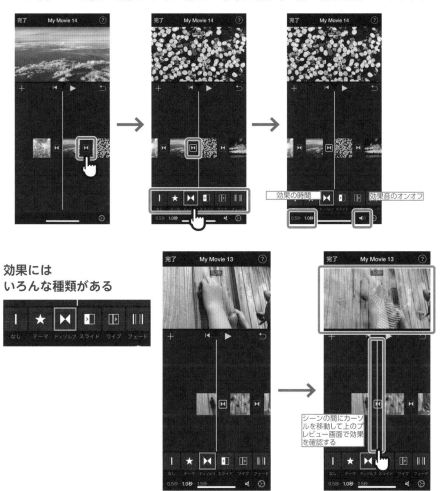

**効果には
いろんな種類がある**

効果の時間　　　　　　　効果音のオンオフ

シーンの間にカーソルを移動して上のプレビュー画面で効果を確認する

派手な効果は使わずに「ディゾルブ」をメインに使用

色々な効果がありますが、使用するのは「ディゾルブ」をメインにしましょう。他にも魅力的に映る効果がありますが、派手な演出になりすぎ、せっかくのスライドショーが台無しになってしまいます。自治体動画は基本的には落ち着いた印象の動画にするのが無難です。なお、一般的な動画編集ソフトのフェードとiMovieのフェードは効果が異なり、iMovieのものはブラックアウトしていくフェードになります。

簡単な字幕のコツは「スッキリ」

字幕・テロップを入れる

スマホの動画編集アプリは字幕やテロップを細かく入れるのは苦手です。しかしスマホでもシーンごとに字幕を入れることはできるので、ワンポイントの字幕には最適です。動画を視聴している住民の中には難聴の人もいるかもしれません。丁寧な動画を作るためには文字で情報を伝えることも大切です。

ワンシーンずつ字幕を入れていく（iMovie）

iMovie では 1 つのシーンにつき 1 つの字幕を設定します。つまり、シーンにまたがった字幕を入れることはできないので注意しましょう。

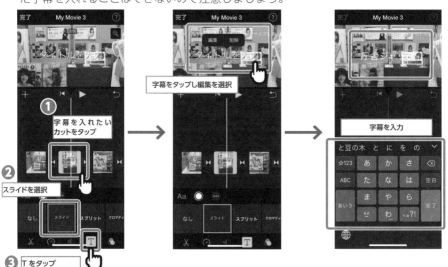

TIPS　フォントは「太字」を選ぶ（iMovie）

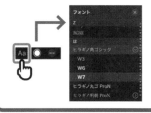

字幕は文字が小さいので太いフォントがおすすめです。フォントを選ぶと「W」と数字が出てくるものがあります。Wは太さを表します。数字が大きいものを選択しましょう。

字幕の自動配置＆文字サイズの調整（iMovie）

バランスよく字幕を配置するためには「スタイル」を使います。下3分の1を選択すれば、シーンが変わってもずれることなく同じ位置に文字を配置することができるのでとても便利です。また、文字のサイズを変えるときはピンチイン・ピンチアウトを使います。

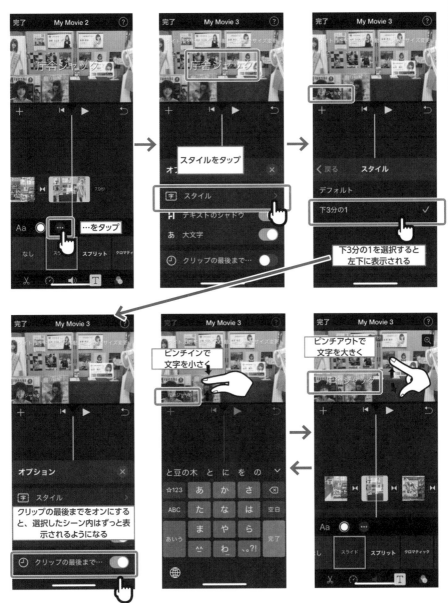

107

これだけで動画の幅がぐんと広がる！
合成した動画を作る

指定した色を透過する方法で合成した動画を、スマホでも作ることができます。よくテレビの天気予報やニュースで使われている方法です。ニュース番組のような形式で地元の情報を伝える自治体のYouTubeもあります。背景を役所や一押しの画像と合成してインパクトのある動画を作りましょう。

クロマキー機能を活用する（iMovie）

クロマキーは、指定した色を透過して他の画像や映像と重ね合わせる方法です。一般的にはあまり着られることのない緑を背景にするケースが多いです。

背景となる画像や映像

＋

緑の背景で撮影した動画

＝

TIPS 背景は緑じゃなくてもよい？

元となる動画の背景色は緑にこだわる必要はありませんが、着ている服の色と背景色が同じだと体まで透過してしまうので注意しましょう。

操作手順（iMovie）

合成するためには背景となる画像とクロマキーをする映像を用意します。この2つがあれば簡単に合成動画を作ることができます。一度操作の流れを学べばすぐに活用できるので、下記の手順を覚えておきましょう。

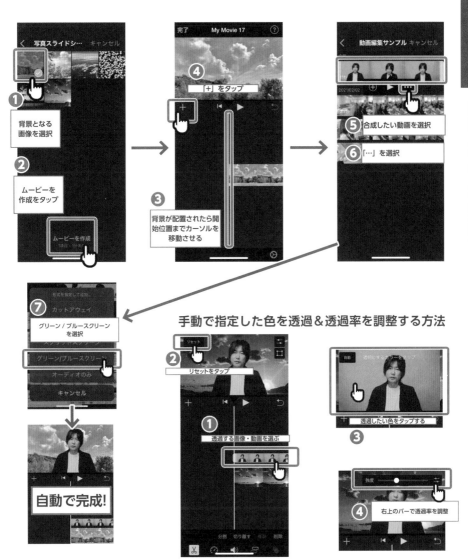

手動で指定した色を透過＆透過率を調整する方法

3-17
中級編

迫力や印象がグンと変わる
BGM と SE を入れる

退屈な動画になりがちな自治体動画に華を添えることができる BGM。動画の内容に沿って適切に BGM を入れるとより魅力のある動画になります。また、フリーの BGM サイトで種類豊富な BGM が配布されているので活用しましょう。

BGM を入れるポイント（iMovie）

画像：iPhone12

BGM で動画の印象が変わります。例えば風景写真のスライドショーの場合は、落ち着いた穏やかな BGM、シーンの切り替わりが多い動画や動きの多い動画の場合は激しい BGM など、動画の内容によって BGM を使い分けます。BGM を入れるケースは下記の通りです。

CHECK!
- ✔ 落ち着いている内容
- ✔ シーンの切り替わりが多い
- ✔ 動きがある

※ iMovieは動画に自動でBGMを挿入してくれますが、イメージと合わないことがあるので、準備したものに適宜差し替えましょう。

TIPS　イメージする音楽の探し方

出所：DOVA-SYNDROME

33 ページでおススメのフリーの BGM サイトをご紹介しました。BGM を探す際、検索ワードに「穏やか」「静か」「激しい」「ピアノ」などと入れることでイメージに合った曲がリストアップされます。

BGM・SE の挿入手順（iMovie）

スマホから BGM を挿入するためには事前に用意する必要があります。また、適当に BGM を選ぶのではなく映像に合ったものにすることがポイントで、挿入した BGM で世界観を崩さないように注意しましょう。

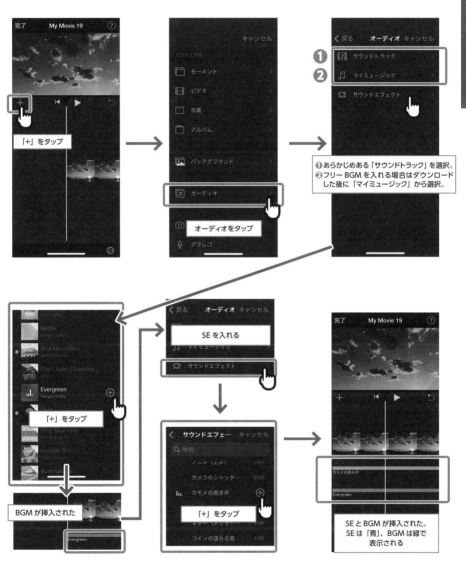

「+」をタップ

オーディオをタップ

❶あらかじめある「サウンドトラック」を選択。
❷フリー BGM を入れる場合はダウンロードした後に「マイミュージック」から選択。

SE を入れる

「+」をタップ

BGM が挿入された

「+」をタップ

SE と BGM が挿入された。
SE は「青」、BGM は緑で表示される

3-18 中級編

スマホで完結する動画作り
ファイルを書き出す方法

編集が終わったらファイルを書き出して動画ファイルを作成します。作成された動画ファイルはフォトライブラリーに格納されます。迅速に保存をして次の業務を行うためにも、最後まで気を抜かないようにしましょう。

書き出しの手順（iMovie）

ここでご紹介する手順は、編集途中のものを保存する手順ではなく、動画ファイル「mp4」を書き出す手順です。

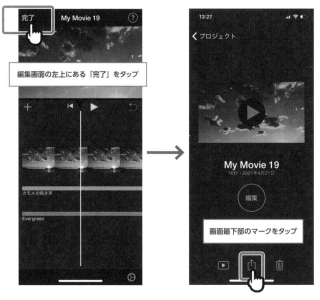

TIPS 動画ファイルはサイズが大きい

動画のファイルは非常に容量が大きいものです。たくさん保存してしまうとスマホの容量が足りなくなる可能性もあるので、不必要な動画ファイルはこまめに削除するなどしましょう。

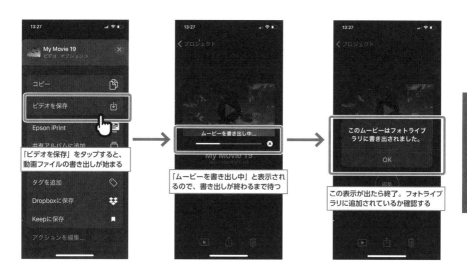

「ビデオを保存」をタップすると、動画ファイルの書き出しが始まる

「ムービーを書き出し中」と表示されるので、書き出しが終わるまで待つ

この表示が出たら終了。フォトライブラリに追加されているか確認する

TIPS　最速で動画を作る方法（iMovie）

イベントレポートなど参加者が早く動画を見たいと思うようなものは、「鉄は熱いうちに打て」、つまりすぐに動画を公開すればより効果があります。複数の動画を使って簡単にそれなりの動画を作る方法（下画像）を押さえておきましょう。

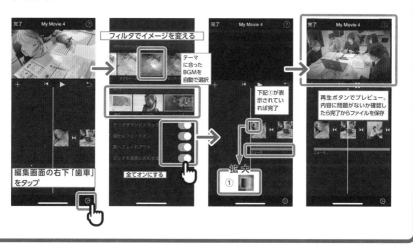

編集画面の右下「歯車」をタップ

フィルタでイメージを変える

テーマに合ったBGMを自動で選択

全てオンにする

下記①が表示されていれば完了

拡大

再生ボタンでプレビュー。内容に問題がないか確認したら完了からファイルを保存

[3章 のまとめ&チェック]

- ✅ 何を目的としているのか
- ✅ スマホでできるのか
- ✅ 写真はレタッチをしているか
- ✅ 3つの視点で撮影しているか
- ✅ BGMやSEは適切か
- ✅ 尺は長すぎないか
- ✅ 違和感なく合成できているか
- ✅ 各種設定は理解したか

 ワンポイントアドバイス

スマホでの動画づくりの最大のメリットは気軽に撮影・動画編集ができることですが、細かな作業をするには向いていません。また、スマホで動画を繋ぎ合わせて1つの動画にし、それをPowerPointで活用する方法もあります。複数のツールを使用し行き来して1つの動画にするなど応用もできるので、工夫してみましょう。

4章

[上級編]

一眼レフ＆有償ソフト
で動画作り

こだわり動画作りであっと言わせる
一眼レフ専用編集ソフトのメリット

外部委託したクオリティの高い観光やシティプロモーション関連の動画を公開している自治体は多くありますが、それに引けを取らない動画を自前で撮影・編集している自治体も増えてきました。自治体広報が必ず持っている一眼レフカメラの動画機能を使えば、今ある機材でクオリティの高い映像を撮影できます。さらに、有償の動画編集ソフトを使えば、できることの幅が広がります。本格的な機材導入のメリットを一緒に考えてみましょう。

高画質

スマホと比べると圧倒的に画質が良いです。シャッタースピードや絞り、ISO 感度など細かく設定でき、明るさの調整もできるので表現の幅が広がります。

ピントとボケをコントロールできる

スマホでは自由にピントを合わせたりボケをコントロールしたりできませんが、一眼レフ・ミラーレスカメラではピントやボケを手動で調整して印象を変えることができます。

細かく字幕を付けることができる

動画編集ソフトがあれば細かな字幕を付けることができます。スマホでは文字の加工が限られますが、文字にアニメーション効果をつけたり、フォントの種類を変えたりでき、さらに字幕を入れるタイミングも細かく設定できます。

凝った演出・効果を入れることができる

動画編集ソフトでは合成をしたり、細かく SE を入れたりといった細かなエフェクト処理ができるため、工夫次第でプロ顔負けの動画を作ることができます。

TIPS 本格的な機材導入のデメリット

本格的に機材を導入して作るためには、それなりの知識と時間が必要です。他の業務との兼ね合いも考慮しましょう。

■動画編集ソフト	■一眼レフカメラ等
・編集に時間がかかる	・マニュアルで撮影するための知識が必要
・ハイスペックな PC が必要	・データ容量が多くなる
・有償版は費用がかかる	・持ち運びが不便で重い

予算や自身の能力と相談
本格的な動画作りの材料

一眼レフカメラは誰でも持っているものではないですが、自治体広報課には必ず1台はあるはずです。広報課でなくても、本格的な動画を撮影するときには広報課から借りて撮影することもできます。動画編集ソフトには、ネット環境がないと使用できないものもあるので準備するときに注意しましょう。

動画撮影ができる一眼レフ・ミラーレスカメラ

一眼レフカメラの大きな利点はボケを自由にコントロールできることです。またISO感度を調整して、暗いところでも明るく撮影できます。4Kで撮影できるビデオカメラもあります。手ブレ補正があるなど映像に特化しているので操作も簡単です。一方でボケを活かすことは難しいので、それなりの知識が必要です。

動画編集ソフト

Corel VideoStudio

細かな編集ができエフェクトも豊富、操作もそれほど複雑ではありません。パッケージ版なのでネット接続不要。

Adobe Premiere Pro CC

プロも使用している編集ソフト。本格的に作るならこのソフトですがクラウド＆サブスクなので手元に残せません。

※どのソフトもトライアルがあり1週間など期間限定で無償で使えます。いきなり購入するのではなく一度試してみることをおすすめします。

三脚

手ブレを抑えるために、一眼レフで動画を撮影するときには必ず三脚を準備します。上下左右に振る映像を撮るので、操作がしやすい良い三脚を用意しましょう。

コンパクトライト・スタンドライト

外が少し暗いときや、物撮りのときはコンパクトライトを当てるだけで印象が随分変わるので必ず用意します。また室内で首長のインタビューなどをするときは、スタンドライトを当てましょう。

マイク・ブルーバック

内蔵マイクでは雑音が入るので、インタビュー時には外部マイクは必須です。また合成する必要がある場合はブルーバックを用意しましょう。持ち運びできる便利なものもあります。

4-3 上級編

撮影〜編集〜公開の流れ
本格的な動画作成のスケジュール

日常業務と並行しての動画作成は負担になりがちです。本格的に作る場合は特に負担が大きくなります。始める前にまずどのような流れで撮影から動画公開までの作業をするのか押さえておきましょう。

①流れを考える（企画）

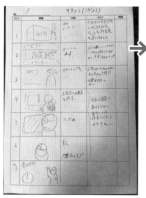  

動画の全体像が分かるように企画を立てて、目的やターゲットを設定していきます。その中で必要なシーンや物などを決めて、どんな構図でどんなコメントやナレーションを入れるかなどを絵コンテに落としていきます。

②動画（写真）を撮影

一眼レフカメラではボケを撮影できる

企画が決まれば、何を撮影すればよいのかが明白になります。例えばふるさと納税の納税品を紹介する動画の場合、店舗の雰囲気を伝えるために外観や看板などのシーンが必要だと把握したうえで撮影に向かうことができます。

③動画編集用のソフトで編集作業

出所：Corel VideoStudio

撮影した映像を繋いだり切り貼りしたりして、1つの動画を編集します。色味を変えたり、字幕を入れたり、BGM・SEを入れたりと細かな作業になり、ここが一番時間がかかります。

④動画ファイルを保存し公開

編集が終わったら書き出しをして動画ファイルを作成します。書き出したら、YouTubeなどに動画を公開します。

TIPS　動画作りはどれくらい時間がかかるの？

本書の冒頭で述べたように「動画」と言っても色々な種類があります。本項では埼玉県北本市のふるさと納税用の動画制作時の様子を参考画像として用いましたが、このときの撮影時間は1時間程度、編集作業も1時間程度で、事前打ち合わせから動画公開まで計3時間程度で終わりました。時間短縮のポイントは効率的に撮影することと動画編集ソフトに慣れることです。トライアンドエラーで上達するために、まずは動画を作ることから始めましょう。

魅力をがっつり伝えるために
プロモーション動画の撮影ポイント

公務員はずっと動画作成にかかりきりになるわけにはいきません。日々の業務
や雑務をこなしながら動画作りをするわけです。効率よく動画を撮影するため
のポイントを押さえておくと、撮影時間・編集時間を短縮することができます。
ここでは著者が撮影で必ず心がけているポイントを紹介します。

1回の録画時間は約5秒に抑える

1回の録画時間は5秒くらいに抑えます。そうすることで編集時にサムネイルでど
のシーンかが一目で分かり、また、データ容量を抑えることができます。編集時に
使う動画は1シーン概ね3秒程度です。編集時に長さを調整するよりも短く撮影す
るほうが効率的です。

三脚を使用して手ブレを防ぐ

臨場感のある動画ではなく落ち着いた雰囲気のプロモーション動画を作る場合は三
脚で固定して撮影します。三脚を使うメリットは手ブレがないことです。また、一
眼レフカメラは重く疲れやすいので必ず三脚を使いましょう。

ティルトとパンのカットを必ず撮影する

94 ページで紹介した手順に準じ、ティルトとパンでいくつかのシーンを撮影します。編集時にアクセントとして使用することができるので、必ず撮影しておきます。このとき、三脚で固定してカメラだけ左右上下に動かすようにします。

「全体を見て」「近づいて」「めちゃ寄る」

絶対に外せない 3 つの視点があります。全体が見える距離、中間距離、至近距離の 3 つの視点で撮影して繋げると、まるで自分が歩いて近づいているかのように錯覚させることができます。ポイントは注目させたいものがあった場合、それにどんどん近づくように撮影していくことです。まず何を注目させたいのかを決めてから、全体が見えるところまで離れて撮影するようにしましょう。特にプロモーション関係の動画では疑似体験に近い感覚を与えることができ効果的なので、必ずこの 3 つの視点は押さえておきましょう。

全体を見て　→　近づいて　→　めちゃ寄る

プロモーション・観光動画の一工夫
一眼レフのボケを活かす

映像をプロっぽく見せるテクニックの一つに「ボケ」があります。一眼レフ・ミラーレスカメラではピントを手動で操作してボケを生むことができます。動画にワンランク上の印象を与えるために必須のボケについて解説します。

「マニュアルフォーカス」にする

ピントを調整するためには本体とレンズの設定が必要です。動画を撮影するとき、特にボケをコントロールするには手動の「マニュアルフォーカス」にします。オートフォーカスになっている場合が多いのでまず設定を確認しましょう。オートフォーカス（AF）のレンズを使用している場合はカメラのフォーカスモードセレクターをMにします。レンズにフォーカスモード切り換えスイッチがある場合は、レンズ側のフォーカスモードもMにしてからフォーカスリングを回して調整していきます。つまり、本体とレンズの両方ともマニュアルにする必要があり、どちらか一方がオートフォーカスになっていると手動で操作できません。

TIPS　説明書は要チェック

様々なメーカーが一眼レフ・ミラーレスカメラを出しており、それぞれ設定方法が異なるものの、マニュアルフォーカスにする方法は大体共通しています。細かな設定は各メーカーの説明書を参照ください。

①ピントを手動で合わせる

まずカメラを三脚などで固定します。次に被写体との距離を調整して構図を決めたら、フォーカスリングを動かしてピントをマニュアルで合わせその位置をしっかり覚えておきます。ピントが合っているか確認するときはズーム機能を活用してディスプレイで確認しながらピントを調整していきます。

②ピントをわざとぼかして録画する

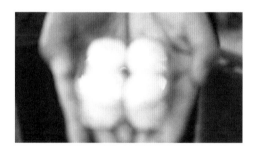

ピントがあるフォーカスリングの位置を覚えておき、次にフォーカスリングを目いっぱい回してピントをずらしてぼかします。録画を開始しぼかしたまま3秒程度録画します。

③フォーカスリングを戻す

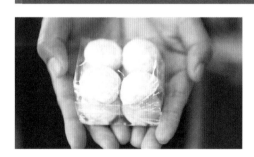

①のピントが合う位置にフォーカスリングを戻します。ピントが合ってから3秒程度経過したあとに録画を停止します。
このようにボケを活かした映像を動画の中に散りばめると思わず「おっ！」と唸るようなワンランク上の仕上がりになります。

4-6
上級編

これがあると便利&豪華！
ワンランクアップの動画機材集

「公務員は動画のプロじゃないし……」などと妥協をしてしまいがちですが、工夫を凝らせばプロ顔負けの動画を作ることができます。限られた予算の中でより良いものを作るために必要なものやポイントを押さえておきましょう。

コンパクトライトを活用する

手のひらサイズのコンパクトライトでもかなり強い光を当てることができます。人物を撮影する際「ちょっと暗いな」と思ったときにこのライトがあると役に立ちます。光が強いので離れた距離からでもしっかり光が届きます。一眼レフのストロボの差し込み口に合うようになっているので、写真を撮るときにも手で持たずに光を当てられて便利ですし、値段もお手頃です。

固定ライトを活用する（インタビュー時）

固定ライトを使うとまんべんなく光が当たるので自然な明るさを作ることができます。インタビューのときや室内が暗いとき、コンパクトライトでは光が均一にならないときなどに活用します。こちらもお手頃な値段です。

マイクを活用する（インタビュー時）

どうしても1人でインタビューしなければならないとき、1人で録画もして録音もするとなると大変です。そんなとき、一眼レフのストロボ部分に挿入できるタイプの集音マイクを付ければ綺麗に音を拾って録音できます。購入前に外部ジャックが合うかしっかり確認しましょう。

ブルーバックを用意する（合成するとき）

単色で服と異なる背景色であればクロマキー処理で透過できますが、背景色を赤やオレンジ系の暖色にすると肌まで透けてしまうことがあります。合成するときは緑か青の背景を準備しましょう。

TIPS ブルーバックを代用した話

筆者が三芳町で手話動画を撮影していたとき、予算がなかったので歴史民俗資料館から大きな緑のフェルトを借りて、それを上から吊るして洗濯ばさみのようなものでとめたり、壁に直接養生テープで貼ったりと工夫をしてブルーバックを代用し、クロマキー処理をしていました。撮影時の見た目は悪いですが出来上がった動画は綺麗に合成できていました。

ワンランクアップ動画編集①
あっと注目させる動画の効果

ここからは動画編集で雰囲気を変えたり、より訴求力のある動画に仕上げたりするためのポイントを紹介します。動画編集ソフトは「映像エリア」「字幕エリア」「音エリア」に分かれています。それぞれ長さを変えたり効果を入れたりして仕上げていきます。

一般的な動画編集画面の見方

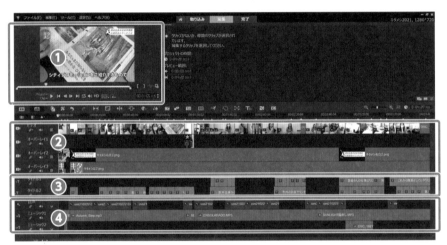

出所：Corel VideoStudio

❶動画のプレビュー…ここで編集状況をその都度確認する

❷映像・画像を編集…最上段が映像の一番奥になり、下に追加するものは手前に重なっていく

❸字幕を編集…動画を見ながらタイミングを合わせて文字を入れていく

❹ BGM や SE を編集…タイミングを見て BGM や SE を入れていく

テロップを固定する（アイキャッチ）

テレビ番組でよく見る画面上部に固定されたテロップ。これには他のチャンネルに行かないようにする効果（アイキャッチ）があります。とても有効なので、インタビューやドキュメント動画を作るときには入れるようにしましょう。

あらかじめPowerPointなどでロゴデータを作っておき、オーバーレイにそれぞれトラックを分けて配置するとプレビューのようになります。

使用ソフト：Corel VideoStudio

色味を変える

動画も写真のように色味を変えて印象を変えます。細かな設定ができるので雰囲気に合わせて調整します。エモーショナルな印象を与えたいときは青みを強くして彩度を下げ、ノスタルジックな印象にしたいときはコントラストを強めにして彩度を上げます。

エモい印象

露出を上げる
コントラストを上げる
彩度を下げる
青みを強くする

ノスタルジックな印象

露出を上げる
コントラストを上げる
彩度を少し上げる
気持ち赤みを強くする

ワンランクアップ動画編集②
最後まで見てしまう動画の作り方

字幕はまとめて文字に起こす

使用ソフト：Corel VideoStudio

字幕を入れるときはまず「まとめて文字に起こす」ようにしましょう。都度文字を打って字幕を入れての繰り返しでは非効率的です。メモ帳に文字起こしをして、動画に合わせてメモ帳からコピペして字幕を入れていく方法がスムーズです。

TIPS　帯とモーションでちょっとオシャレに

字幕の下に帯を入れるとちょっぴりオシャレな印象になります。また、オープニングでモーションを入れるとカッコよい仕上がりになります。

動画の時間は思い切って短くする

観光やプロモーション動画などを見ていて「長い」と思うことはありませんか？ 見ている人が元々興味があるか奇をてらった動画であれば別ですが、1分以上続けて自治体動画を見ることは残念ながら稀です。風景や雰囲気を伝える動画であれば思い切って1分程度に抑えるようにしましょう。考え方は下記のとおりです。

1カット4秒→つまり1分間に15カットも入る！

ティルトでオープニング＝4秒
全体を見て・ちょっと寄って・めっちゃ寄る→4秒×3カット＝12秒
建物の内観→パン×2カット・ボケの映像×3カット＝20秒
全体を見て・ちょっと寄って・めっちゃ寄る→4秒×3カット＝12秒
その他インサートやエンディング→3カット＝12秒

↓

60秒で15カットものボリュームがある！

BGMのリズムでシーンを切り替える

シーンの切り替えのタイミングをBGMに合わせると違和感がありません。

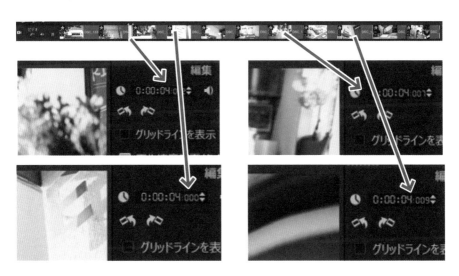

ワンランクアップ動画編集③
動画作りのお悩み解決方法

■ 尺が足りないときは「写真」「画像」を使う

使用ソフト：Corel VideoStudio

あまり良い動画が撮影できなくて尺が足りなかったり、編集のときに流れが悪くなってしまったり単調になってしまったりしたときは、「写真」や「画像」を入れると緩急がついてメリハリのある動画になります。一眼レフで撮影するときは写真も同時に撮っておきましょう。

■ BGM は自己主張しないようにする

バックに流す BGM の音量は、インタビューやナレーションがあるものは「うっすらと」流れていることが分かるくらいのバランスにします。通常の音量の 10 ～ 30% 程度です。また、音声がない BGM だけの動画の場合は、映像の世界観を壊さないように BGM の選択と音量のバランスに気をつけましょう。なお、効果音（SE）を入れすぎると賑やかになりすぎるので、適切に入れるように気を付けます。

Check!

✓ バック BGM で声が聞こえにくくなっていないか
✓ 効果音（SE）が多すぎないか、耳障りではないか
✓ 映像と BGM の雰囲気が合っているか

クロマキー処理を応用して合成する

指定した色を透過させるクロマキー処理の応用で背景に時計を入れてみます。シンプルな時計を用意して椅子に立てかけた動画を撮影します。次に時計の部分だけトリミングして、文字と針以外の色を指定してクロマキー処理をし、透過率を調整して合成します。

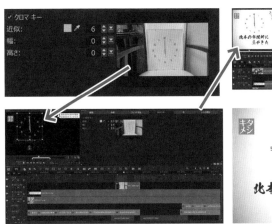

使用ソフト：Corel VideoStudio

映り込みを構図に活用する

動画を撮影するときの背景を工夫することでPRにも活用できます。よく記者会見で見るバックボードが良い例です。またインタビュー時の背景に映り込むPCのモニターにイチオシの情報を入れればまちのPRにも繋がります。インタビュー撮影時の注意点は以下の通りです。

CHECK!

- ✓ 襟が曲がっていないか
- ✓ 名札は要るか
- ✓ マスクはどうするか
- ✓ 個人情報はないか
- ✓ ラベル（ペットボトルなど）は、商品名、企業名が映って大丈夫か

4-10
上級編

ワンランクアップ動画編集④
手話動画の撮影と編集方法

筆者が勤めていた埼玉県三芳町は手話言語条例を制定しており、手話の周知に積極的です。2014年からは日本手話コーナーとしてARを活用した手話動画を公開してきました。これは動きのある手話は絶対に動画にしたほうが伝わりやすいと思って始めた試みです。

絵コンテを基に撮影する内容を確認する

絵コンテを元に撮影する内容を確認します。用意するものもここで確認します。撮影前に手話通訳の依頼も行います。

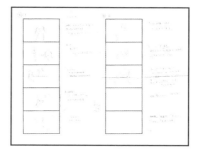

グリーンバックを用意して撮影

歴史民俗資料館から借りてきた緑の大きなフェルトをバックに撮影。クロマキー処理の際、しわや切れ目などは透過しにくくなるのでしわができないように注意しました。

絵コンテに基づいて字幕を入れていく

絵コンテを参考に、動きに合わせて字幕を入れていきます。動画を撮影するときに、社会福祉協議会の手話通訳派遣をお願いして動画撮影時に声を出して同時通訳してもらい、字幕と動きに相違がないか確認しました。

クロマキー処理を行う

クロマキー処理をして背景を合成するなどします。また、フリーサイトからダウンロードした BGM を流します。

YouTube に公開 & 広報紙に掲載

完成した動画は YouTube にアップしました。同時に広報紙にも掲載し、QR コードからYouTube に誘導するようにしました。

TIPS　手話動画作成の所要時間

平均して 3 ～ 5 分程度の手話動画を作成するのに、グリーンバックを準備するのに（慣れれば）15 分程度、撮影は（内容によりますが）1 時間程度、編集は（字幕の量と合成する内容に左右されますが）半日から 1 日程度の時間がかかります。パソコンのスペックが低く、何どもフリーズしてやり直すなど苦労したので、CPU が COREi7 以上の環境での動画作成をおすすめします。

[**4**章 のまとめ＆チェック]

- ✅ タイプ別の難易度を理解しているか
- ✅ ボケやぼかしを理解したか
- ✅ 編集ソフトの各種役割を理解したか
- ✅ 絵コンテは書いているか
- ✅ ティルト・パンを理解しているか
- ✅ 3つの視点で撮影できているか
- ✅ 動画の時間は長すぎないか
- ✅ クロマキー処理を理解したか
- ✅ BGMが自己主張しすぎていないか

 ## ワンポイントアドバイス

本格的に動画を作ろうとするとついつい時間がかかってします。次の点に注意して編集をするようにしましょう。

編集時の注意点

→凝りすぎない

→効果は最小限

→SEはおまけ

→尺は短くする

バズる動画→15秒

そこそこ見る→1分

じっくり見る→5分

5章

[配信・分析編]

YouTubeで
動画配信＆分析

YouTubeで公開することの意義を考えよう
YouTubeでできること

YouTubeでは動画を公開するだけはなく、公開後にどれだけ視聴されたのか、何日に一番観られたのかなどの情報を得ることができ、それらを分析することで自治体の広聴としての役割を果たし、住民ニーズに合わせた効果的な動画を活用した情報発信が可能となります。

動画を公開する

YouTubeでは作成した動画を配信することができます。さらに公開した動画についての評価やコメントを開放していれば、視聴者の反応を得ること（広聴）も可能です。再生回数がわかるので住民ニーズと乖離がないか、自己満足になっていないかも一目瞭然です。

TIPS　YouTubeの広告収入

チャンネル登録者数1000人以上で直近12か月の総再生時間が4000時間以上であること、18歳以上であること、広告掲載に適した内容かなどの条件を満たせば再生回数によってYouTubeの広告収入を得ることができます。むつ市など自治体のチャンネルで広告を入れているところも出てきました。今後、財源確保のツールとして活用する自治体が増えていきそうです。

データ分析・管理・カスタマイズ（YouTube Studio）

YouTube で動画を公開したあとにサムネイルの変更、動画の表示方法などの管理、アナリティクスによるデータの分析などを YouTube Studio で行います。

YouTube を始めるには Google アカウントが必要

YouTube に動画をアップしたりデータ分析をしたりするためには、まず Google のアカウントが必要です。既に他の課で使っていないかなど確認しましょう。

以下の点が、自治体が特に気をつけたい YouTube の管理のポイントです。

Check!

✓ **Google アカウントをもっているか**

✓ **各課で管理するのか、広報等の課が取りまとめるのか**

✓ **新規で Google アカウントを取得できるか**

※ 1 つの自治体でアカウントが乱立すると、視聴する住民が混乱する、関連付けされないので再生回数が伸びないなどのデメリットがあります。運営方法はしっかり考えましょう。

ただ作るだけじゃ×
チャンネルを作ってカスタマイズ

YouTube に動画を上げる前に「チャンネル」を作ります。自治体としてチャンネルを既に持っている場合で各課で管理したいときは、課ごとにチャンネルを作り、全然内容が違う動画が乱立しないようにします。

複数のチャンネルを持つメリット

自治体では各課ごとに Google アカウントを取るのは難しいので1アカウントで課ごとにチャンネルを分けて管理することをおススメします。アカウント切り替えができるので、他課の動画を誤って操作してしまうことも防げます。再生リストで分けるだけだと管理が一つの課でしかできない、ジャンルが絞られていないので住民が目当ての動画を探しにくいといったデメリットがあるためチャンネルの工夫は必要です。

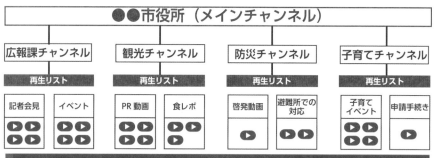

複数のチャンネルを追加する手順

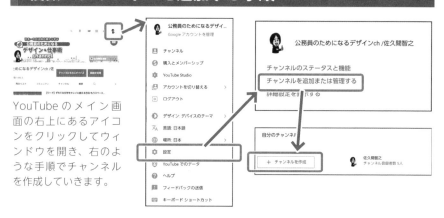

YouTube のメイン画面の右上にあるアイコンをクリックしてウィンドウを開き、右のような手順でチャンネルを作成していきます。

チャンネル名の入力・チャンネル切り替えの手順

チャンネル名を入れて作成します。

追加されたか確認してみる

作成されると早速「動画をアップロードしてください」と表示されます。チャンネルが追加されているか右上のアイコンを選択して確認してからチャンネルのカスタマイズに進みましょう。

右上のアイコンの「アカウントを切り替える」から表示されたウィンドウに追加したチャンネルが表示されれば OK です。今後はここでチャンネルのアカウントを切り替えて作業をしていくことになります。

チャンネルをカスタマイズする

バナー画像はチャンネル登録者数を増やすために非常に重要な箇所です。PC とスマホで表示が異なるので、中央に寄せたデザインで作るのがポイントです。

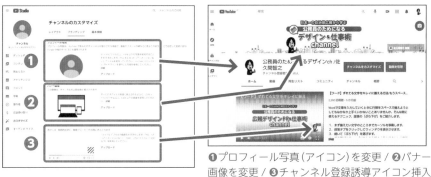

❶プロフィール写真（アイコン）を変更 / ❷バナー画像を変更 / ❸チャンネル登録誘導アイコン挿入

タイトル欄や説明欄・コメント欄の調整
YouTube に動画をアップする

作成した動画ファイルは YouTube にアップロードして公開します。ただ動画をアップするだけはなく、住民の皆さんに関心を持ってもらうためにタイトルや概要説明を工夫することが重要です。ここでは動画をアップロードする手順とポイントをご紹介します。

YouTube に動画をアップロードする

❶ YouTube のメイン画面の右上にある映写機のマークを選択し、動画をアップロードを選択します。❷開いた画面にファイルをドロップするか動画ファイルを選択します。❸アップロードが開始されます。

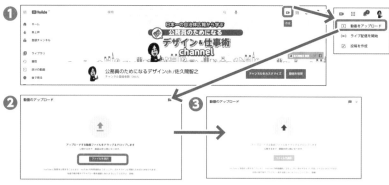

TIPS　説明文に「●●：●●」でチャプターが作れる

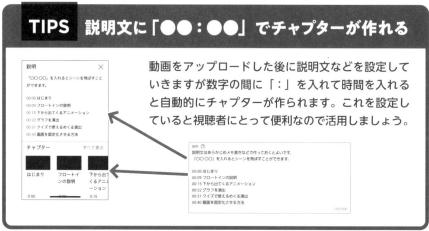

動画をアップロードした後に説明文などを設定していきますが数字の間に「：」を入れて時間を入れると自動的にチャプターが作られます。これを設定していると視聴者にとって便利なので活用しましょう。

タイトルや概要説明を入れていく

アップロードが開始されると次のような画面が表示されます。ここには動画再生回数増加・チャンネル登録者数増加に繋がる重要な項目がたくさんあるので、しっかりと入力しましょう。

❶

タイトルはシンプルにしながらも検索にヒットしそうなキーワードを散りばめるのがポイント。

説明文はフォーマットを作っておくのがおススメです（次ページで詳しく解説）。また＃（ハッシュタグ）は「3つ」だけにします。これは公開されたときにタイトルと動画の間に表示されるハッシュタグ数が3つだからです。

❷

自動で3つサムネイルが生成されますが、必ず自作したものに差し替えましょう（145ページ参照）。

❸

再生リストに追加する場合はここでリストを選択します。

コメント欄・評価の表示・非表示を設定する

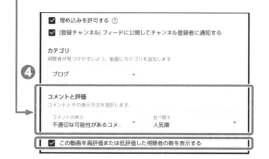

❹でコメント欄と評価を表示させるかを設定できます。ポジティブな意見ばかりではないので非表示にしがちですが、双方向にコミュニケーションを取る意味でも表示することをおススメします。貴重な「広聴」の場であることも認識しておきましょう。

説明文のフォーマット化で効率化を図る

決まった情報を説明文に毎回入れるときは事前にデフォルト設定をしておくと便利です。YouTube Studio の設定からカスタマイズできるので覚えておきましょう。

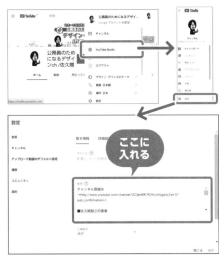

終了画面の追加

詳細の設定が終わると「動画の要素」に移ります。ここでは終了時にほかの動画や再生リスト、チャンネル登録に誘導する設定を行います。

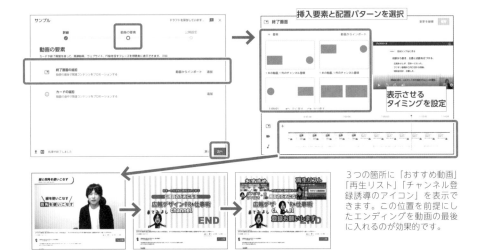

3つの箇所に「おすすめ動画」「再生リスト」「チャンネル登録誘導のアイコン」を表示できます。この位置を前提にしたエンディングを動画の最後に入れるのが効果的です。

最後に公開設定を行います。非公開は自分と自分が選択したユーザーのみが観られる設定、限定公開はYouTubeのURLを知っている人だけが観られる設定、公開はだれでも観られる状態です。事前チェックをするときは必ず非公開か限定公開にします。チェック後スケジュール設定でターゲットが閲覧しそうなタイミングを見計らい、公開する時間を決めます。

TIPS　配信するタイミングの3つのポイント

✓ 時間は 17：00〜21：00
✓ 曜日は金曜・土曜・日曜
✓ 投稿日時を固定する

動画がよく観られる日時を分析すると時間帯は夕方から夜、曜日は金・土・日（土日は正午近くも伸びます）が多いです。また、投稿日時をスケジュール設定で固定するのも「○○市役所の動画は毎週金曜日の18時に投稿される」と印象づけることができるので有効です。

意外とここで視聴者が振り落とされる？
人を惹きつけるサムネイルの作り方

面白そうかどうか、この動画を見て自分にメリットがあるかなどを一瞬で理解してもらうために重要なのがサムネイルです。YouTubeの動画再生回数が伸び悩む原因の一つにサムネイルがあります。しっかりと作り込むことが再生回数とチャンネル登録数の増加に繋がります。

世界観を統一する

アップロードされている動画のサムネイルのトンマナ（色やルール）を徹底して、使うロゴ、フォントなどチャンネルごとに世界観を統一します。

BUZZ MAFF
ばずまふ

公務員のためになる
デザインch

中野区公式チャンネル

TIPS サムネイルで伝わる「手抜き」感

自治体動画を見ていると、サムネイルを作らずに自動生成されたままの状態のものをよく見かけます。「この自治体は動画は作ってるけど手を抜いているな」と思われかねません。動画再生画数に伸び悩んでいるなら、一度サムネイルを見直してみてください。

ワンフレーズで大きく

小さな画面でもどんな内容なのかが一瞬で伝わるようにするには、ワンメッセージと大きな文字が大事なポイントです。

筆者はサムネイルを作るツールはPowerPointを使っています。16：9ですぐに作れて便利だからです。60ページで紹介した輪郭の入れ方を実践して目に留まる文字を作るようにしましょう。

色を使い分ける

背景色で全く印象が変わります。原色に近い色、発色の強い色は目を惹きます。ただし自治体でどこまで尖ったサムネイルにできるのかは上司の理解が大きなポイントになります。企画書の提出時に目的に沿った狙いを説明するなどして説得しましょう。

YouTube Studio 活用①
チャンネルアナリティクスを使いこなす

ここでは YouTube Studio で得られる情報などをご紹介します。特に、「チャンネルアナリティクス」という再生回数や総再生時間、チャンネル登録者数など、細かな情報をチェックできるページは、SNS との連動がうまくいっているかなども調べることができます。

YouTube Studio を立ち上げる

アカウントの画像をクリックして表示されるメニューから「YouTube Studio」を選択すると「チャンネルのダッシュボード」が表示されます。ここでは最新の動画の公開直後の初動やチャンネル登録者数等が一目でわかるようになっています。

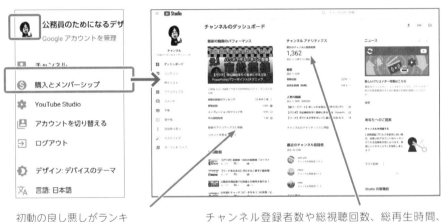

初動の良し悪しがランキングで分かります。

チャンネル登録者数や総視聴回数、総再生時間、チャンネルの人気動画が分かります。

TIPS ダッシュボードチェックのクセをつける

動画公開後に視聴回数が好調かどうかチャンネルのダッシュボードで示されます。目標の視聴回数に届いていない場合、何が悪いのかの原因を探るためには数字が必要です。ダッシュボードの情報を基に細かく分析していく癖をつけましょう。

チャンネル全体の数字を追っていく

YouTube Studioでは動画ごとの視聴回数や再生時間だけではなくチャンネル全体の動向を確認することができます。「チャンネルのダッシュボード」内「チャンネルアナリティクス」の下部にある「チェンネルのアナリティクスに移動」を選択します。

「チャンネルアナリティクス」では再生回数や総再生時間、チャンネル登録者数、リーチやエンゲージメントなど様々な情報を取得することができます。期間も過去7日間から全期間まで細かく設定することができ、SNSとの連動が上手く作用しているかなどを検証するのに便利です。

一つひとつの動画を分析する

YouTube Studio内で公開した動画を個別に選択すると、個々の動画の公開後の動向を分析することができます。

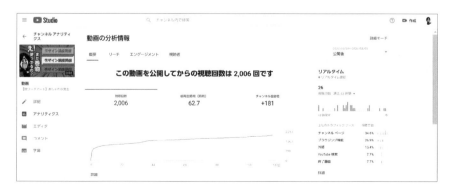

YouTube Studio 活用②
インプレッション等を分析する

インプレッション数やクリック率から動画公開時の問題点を分析することができます。インプレッション数が少ない原因にはチャンネル登録者数が関係していたり、クリック率はサムネイルの良し悪しに影響されたりと原因究明に役立てることができるので見方を覚えておきましょう。

「インプレッション」を分析する

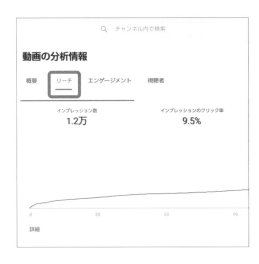

インプレッション数

動画公開以降に動画サムネイルが視聴者に表示された合計回数。関連動画やおすすめ動画などで表示される回数も含まれます。チャンネル登録者数が多ければそれだけ数字が増えます。

インプレッションのクリック率

インプレッション1回あたりの再生回数。これは、インプレッションが表示された後に視聴者が動画を視聴する頻度のことです。**平均4〜5％くらいで、10％を超えれば良いと言えます。**

TIPS　サムネイルがポイント！

再生回数に伸び悩む原因の多くはインプレッションが関係しています。どれだけサムネイルが人の目に触れているか、そして思わずクリックしたくなるかがポイントとなります。インプレッションのクリック率が低ければサムネイルに問題があると捉えて違うサムネイルと差し替えるなどして分析していきます。

トラフィックソースとインプレッション詳細

トラフィックソースでは視聴者がどこから動画を見に来たのかなどを分析することができます。検索ワードや外部サイトのどこから来ているのかなどを見極めて力の入れどころを考えましょう。

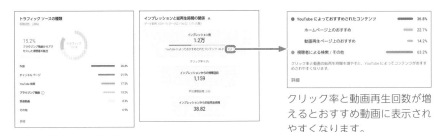

クリック率と動画再生回数が増えるとおすすめ動画に表示されやすくなります。

トラフィックソースの種類

より詳細に動画流入の動向を分析できます。例えば SNS からの誘導が上手くいっているのか、どの検索ワードから来たのかなどを分析し、Twitter よりも Facebook の方が伸びる動画内容なのか、検索ワードに狙い通りにひっかかるタイトルや説明文になっているかなどと分析し、改善に繋げることができます。

❶外部サイト…動画を埋め込んでいるかリンクしているウェブサイトやアプリからの流入
❷ YouTube 検索…YouTube 検索キーワードからの流入
❸関連動画…他の動画が再生された最後に出てくる関連動画や動画の説明文からの流入
❹再生リスト…再生回数に繋がった自分の動画が含まれる再生リストからの流入

エンゲージメントを分析する

エンゲージメントタブでは、どれだけ動画が観られたのか、どのくらい離脱せずに観てもらったのか、動画内でどこがハイライトで観られたのかなどを分析することができます。例えば視聴者の関心が持続していた部分や、視聴者が動画の視聴を止めた部分を分析して動画内容の改善ポイント、住民のニーズを汲み取ることができます。

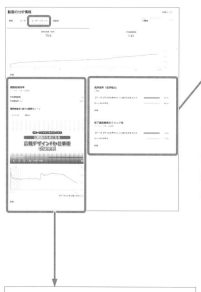

評価率と終了画面要素のクリック率

評価率…視聴者の印象がわかります

終了画面要素のクリック率…終了画面要素が表示されたときに視聴者がクリックした頻度です。動画の終了画面の効果が分かります。

視聴者維持率

どれだけ離脱せずに動画を観続けられたかを分析します。イントロは、最初の 30 秒が経過した後、視聴者が引き続き動画を視聴していた割合を示します。冒頭の 30 秒が肝と言っても過言ではありません。

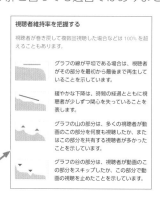

152

視聴者を分析する

視聴者タブからは作成した自治体動画をどんな人が見ているのかなどを細かく分析することができます。年齢層や性別を知っておけば住民ニーズの把握にも繋がります。また、作成した動画によってチャンネル登録者数がどれだけ増えたのかも分かるので、増加傾向のある動画の特徴を分析してチャンネル登録者数を増やすヒントとしても活用できます。

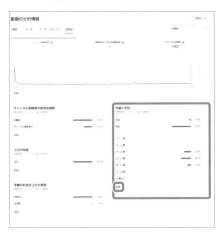

チャンネル登録者の総再生時間

動画の総再生時間の、チャンネル登録者とそれ以外の視聴者の割合を示します。

上位の地域

動画の視聴者の地域別分布です。データは IP アドレスに基づいています。

字幕の利用が上位の言語

動画の視聴者の字幕言語の分布です。データは字幕の使用に基づいて作成されます。

年齢と性別ごとの視聴者を分析する

動画の内容やサムネイルによって、視聴者の年齢や性別にばらつきが出ます。「この動画の内容だと、この年齢層と性別の人が多いんだ」と分かれば住民ニーズを広聴しているとも言えます。

動画のタイトル
【ワード】ずれてる文字をキレイに揃える方法 / もうスペースは使わない word/ 公務員の仕事術

動画のタイトル
【脱ワードアート】おしゃれな見出しの作り方 / パワポ エクセル ワード / 公務員のデザイン術 / ノンデザイナー

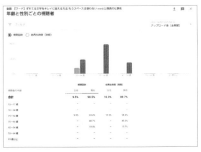

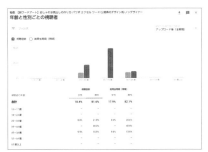

YouTube Studio 活用③
SNS で告知を必ず行う

YouTube に動画をアップして公開すると同時に、必ず SNS で紹介をします。そのとき注意するポイントは、アイキャッチとなるサムネイルがどのように表示されるかをチェックしておくことです。YouTube にアップしただけでは誰も観ないといっても過言ではありません。

動画の URL を取得して SNS に貼り付ける

YouTube で公開した動画を Twitter や Facebook で宣伝して存在を PR します。まず動画の下にある「共有」ボタンをクリックし、ウィンドウが開いたら URL をコピーします。続いて周知したい SNS 上に貼り付けると自動的に動画のサムネイルが生成されます。

どのように表示されるか確認する

出所：OGP 確認（https://rakko.tools/tools/9/）

SNS などに URL を貼ったときに自動でサムネイルや概要などが表示される仕組みを「OGP」と言います。この OGP がしっかり表示されることが住民に動画の存在を知らせる鍵となるので、OGP 確認のサイトを活用して事前に確認しましょう。

OGP の表示をチェックする

Twitter の表示

Twitter に YouTube の URL を入れると自動で OGP が表示されますが、PC かスマホかで見え方が異なります。横長のPCでは観やすくてもスマホでは縦で観ることが多いので注意しましょう。

Facebook の表示

Facebook も Twitter と同様に URL を貼れば自動でサムネイルが表示されます。

LINE の表示

サムネイルと説明文が少し表示されます。

TIPS 画像を貼り文中に URL を入れる

動画再生回数やチャンネル登録者数の増化はアイキャッチとして目に付くサムネイル表示にかかっています。しかし Twitter は特に使用している媒体によって表示のされ方がマチマチです。そこでサムネイルを画像としてアップをして文中に URL を貼り付ける方法をおススメします。

[5章のまとめ&チェック]

- ✅ カテゴリー別にチャンネルを分けているか

- ✅ カバー写真やアイコンに統一感はあるか

- ✅ タイトルやサムネイルを工夫しているか

- ✅ 説明文は効率化されているか

- ✅ ハッシュタグは3つ以内か

- ✅ 配信するタイミングは適切か

- ✅ 公開後にエンゲージメントを分析しているか

- ✅ SNSを活用して周知をしているか

- ✅ OGPは適切に表示されているか

 ワンポイントアドバイス

実は動画を作成して公開した後が一番重要です。良い内容の動画であっても存在を知ってもらわなければ存在していないのと同じです。YouTube Studioは非常に細かく分析ができます。しっかりと数字を追って検証し、改善していくようにすると効果が出るはずです。公開は終わりでなく始まりなのです。

■利用上の注意点

本書掲載の文例等は、実務上参考となるであろう例として紹介したものです。実際の利用の際には、実情に応じて適宜修正等を加えてください。

また、本書掲載の文例等の利用に関して、著者及び発行者は責任を負いかねます。

本書は Windows10および PowerPoint2019ならびに iPhone12に対応しています。なお、ご利用の OS のバージョン・種類や Office ソフト、機種によっては、操作方法や表示画面などが異なる場合がございます。以上を予めご了承の上、ご利用ください。

● 著者紹介

佐久間 智之 (さくま ともゆき)

早稲田大学マニフェスト研究所招聘研究員／厚生労働省年金広報検討会構成員／ PRDESIGN JAPAN 株式会社 代表取締役／ PR TIMES エバンジェリスト／ Zipang 顧問

1976年生まれ。東京都板橋区出身。埼玉県三芳町で公務員を18年務め税務・介護保険・広報担当を歴任。在職中に独学で広報やデザイン・写真・映像などを学び全国広報コンクールで内閣総理大臣賞受賞、自治体広報日本一に導く。地方公務員が本当にすごい！と思う地方公務員アワード2019受賞。2020年に退職し独立。現在は早稲田大学マニフェスト研究所招聘研究員のほか自治体の広報アドバイザー、厚生労働省年金広報検討会構成員などを務めながら企業のサポートも行う。全国で広報、デザインや人材育成の研修講師として活動。著書に『Office で簡単！公務員のための「1枚デザイン」作成術』（学陽書房）、『図解 公務員1年目の仕事術』（ナツメ社）など多数。写真家として Juice=Juice 金澤朋子セカンド写真集『いいね三芳町』（オデッセー出版）。

■公務員のためになるデザイン ch / 佐久間智之
　：http://www.youtube.com/channel/UC3pH8K7K34JvAQgaUyZse-Q?sub_
　　confirmation=1
■ Twitter：https://twitter.com/sakuma_tomoyuki （ID：@sakuma_tomoyuki）
■ Facebook：https://www.facebook.com/tomoyuki.sakuma.3
■研修・講師などのお問い合わせ：https://prdesign-japan.co.jp/service/ または
　t.sakuma1976@gmail.com

● 協力

本書掲載の画像の一部は、三芳町役場提供

PowerPoint から PR 動画まで！
公務員の動画作成術

2021年8月25日　初版発行

著　者　佐久間智之

発行者　佐久間重嘉

発行所　学陽書房
　　　　〒102-0072　東京都千代田区飯田橋1-9-3
　　　　営業部／電話　03-3261-1111　FAX　03-5211-3300
　　　　編集部／電話　03-3261-1112
　　　　http://www.gakuyo.co.jp/

ブックデザイン／スタジオダンク　印刷／精文堂印刷　製本／東京美術紙工

UD FONT by MORISAWA　本書の本文は、見やすいユニバーサルデザインフォントを採用しています。

今こそ「自治体広報」はこう変わる！

誰ひとり取り残さない　住民に伝わる
自治体情報の届け方
佐久間智之 ［著］

A5判・並製・124ページ　定価＝2,090円（10%税込）

多様な価値観・生活の住民一人ひとりに情報が伝わる、これからの行政の「届け方」！　コロナ対策やデジタル技術の発達で人々の生活や価値観が変わる中、行政は「一人ひとり確実に情報を届ける」ことが第一。そのためのアナログ・デジタルを使いこなす広報手法や、情報を受け取りやすくする「行動経済学／心理学」が満載！